Les 100 Histoires de légende de la VOILE

Gründ

Haut de couverture : **Maxi Edmond de Rothschild**
Le – déjà légendaire – trimaran du Gitana Team, notamment vainqueur de la Route du Rhum 2022 et de la première édition de l'Arkea Ultim Challenge en 50 jours (voir p. 101).

Bas de couverture : **America**
La goélette américaine dont la victoire, en 1851, sur la Coupe des Cent Guinées (une régate organisée autour de l'île de Wight) a inspiré la création de la mythique Coupe de l'America (voir p. 33).

Gérard Holtz

Julien Holtz

Les 100 Histoires de légende de la VOILE

Gründ

SOMMAIRE

EXPLOITS ET RECORDS

LES PIÈGES DE LA MER

RÊVES DE VOILE

En sport, il y a des milliers de mots qui font rêver. Des noms de champions et de championnes, des lieux qui déclenchent dans notre mémoire la grande roue de nos souvenirs. Les 24 Heures du Mans, le Grand Prix de Monaco, Indianapolis, Roland-Garros, Wimbledon, Borg, Evert, Federer, Nadal, le Stade de France, le Maracanã, Pelé, Zidane, Platini, Messi, Twickenham, le Parc des Princes, les All Blacks, Rives, Blanco, Dupont... Tous les sports ont leur panthéon, leurs idoles et leurs histoires...

Mais la voile a vraiment quelque chose de particulier. Considérée souvent comme la dernière grande aventure moderne (avec le mariage), elle nous emmène – vraiment – au large. Au GRAND large. Avec des bouffées d'air pur, des vagues d'émotions qui nous font, la plupart du temps, chavirer le cœur...

Florence Arthaud, Laurent Bourgon, Francis Chichester, Éric Tabarly, Bernard Moitessier, Robin Knox-Johnston, Loïck Peyron, Yves Parlier, Isabelle Autissier, Charlie Barr... Ils ont aimé la mer passionnément et la simple évocation de leurs noms nous embarque vers des destins incroyables...

À chacun son défi, son combat, son challenge, sa course... Mais surtout à chacun et à chacune notre admiration la plus profonde et la plus sincère. De la Solitaire du Figaro à la Fastnet, du Vendée Globe au « Rhum » ou à la Coupe de l'America, ils vont au bout de leurs rêves et de leur passion en nous proposant de naviguer avec eux.

Alors d'accord, on largue les amarres, les amis ! Ensemble, pour ces 100 histoires de légende, qui, nous l'espérons, vont vous faire encore plus aimer les mers et les océans...

Bon vent et vive le sport !

Gérard Holtz

FACE À L'IMMENSITÉ

À force d'étudier l'histoire du sport pour vous raconter les histoires et les destins qui en ont fait la légende, je peux mesurer à quel point nous avons basculé dans une course à la performance. Tennis, football, cyclisme, Formule 1, 24 Heures du Mans… : fini l'esprit des pionniers, bonjour les calculs d'ingénieurs !

Sous certains aspects, la voile a suivi une trajectoire similaire tellement l'évolution technologique a désormais de l'influence sur le rendement des bateaux… Néanmoins, à travers la course au large, la pratique de la voile a conservé ce petit quelque chose d'extrêmement romantique, aventureux et aventurier… Car, loin des côtes, loin des villes, où l'Homme a façonné la nature de sa main, les marins se retrouvent face à l'immensité… Un rapport de force qui nous renvoie à l'éternel combat de l'humanité pour repousser toujours plus loin notre finitude…

Dans ce livre, nous avons voulu rendre hommage aux héros de la voile : les pionniers, les explorateurs, les chasseurs de records, les collectionneurs de victoires. Nous avons également voulu mettre en lumière le fabuleux travail des « ingénieux » qui ont tant fait évoluer les techniques et technologies… Nous avons voulu retracer l'origine des courses qui sont aujourd'hui les musts du calendrier international. Et, bien sûr, nous avons offert une place de choix aux skippers qui les ont remportées et à ceux dont, parfois, le destin a chaviré…

Si je devais vous suggérer certaines histoires à lire en particulier, voici quelques-uns de mes coups de cœur… D'abord un peu d'histoire : on vous explique par exemple comment, en 1494, les Espagnols et les Portugais se sont partagé les conquêtes du monde *(voir p. 13)*. On vous raconte la découverte du cap de Bonne-Espérance *(voir p. 11)* et celle du cap Horn *(voir p. 15)*. Autre forme de culture – la *pop culture* : on vous relate l'histoire de *Manureva*, le tube d'Alain Chamfort écrit par Gainsbourg en 1979 *(voir p. 107)* ; on célèbre aussi la mythique émission « Thalassa » *(voir p. 24)*…

Du côté des courses, on vous raconte comment une idée fixe de yachtmen américains a engendré la Coupe de l'America en 1851 *(voir p. 33)*. Et j'ai un attachement tout particulier pour les incroyables « craquages » de Donald Crowhurst *(voir p. 104)* et de Bernard Moitessier *(voir p. 82)*, qui ont vécu la première course autour du monde en solitaire à leur façon…

Certains des navigateurs les plus emblématiques sont au programme de notre ouvrage : il y a évidemment Éric Tabarly, qui est le premier Français à avoir remporté une transat *(voir p. 80)*. On vous parle aussi de l'itinéraire tumultueux de Philippe Jeantot, le père fondateur du Vendée Globe *(voir p. 42)*. Et d'ailleurs, à propos de cette course que l'on appelle « l'Everest des mers », on vous raconte notamment comment Bertrand de Broc s'est recousu lui-même la langue *(voir p. 113)* et comment Yves Parlier a reconstruit seul son mât *(voir p. 117)*…

Parmi les innovations marquantes, j'ai voulu faire un petit rappel… pas si anodin que cela : le rôle fondateur de Gustave Eiffel dans l'aérodynamique *(voir p. 53)* ! Je me suis aussi amusé à découvrir que le régulateur d'allure a été inventé en 1935 par un champion du monde de navigation en modèle réduit *(voir p. 55)* !

Ces 100 histoires de légende sont l'occasion de revenir sur les exploits qui ont fait les grandes heures de la voile… Du triplé de Charlie Barr sur la Coupe de l'America *(voir p. 79)* jusqu'au tour du monde réalisé par Charles Caudrelier avec le *Maxi Edmond de Rothschild* en 50 jours *(voir p. 101)* en passant par le doublé de Desjoyeaux sur le Vendée Globe *(voir p. 90)* ou les 98 secondes d'écart entre Birch et Malinovsky à l'arrivée de la première édition de la Route du Rhum *(voir p. 40)*… Et pour finir, j'avais envie d'évoquer un exploit qui a beaucoup fait jaser : le record de précocité de Jessica Watson, qui fut, en 2010, la plus jeune navigatrice (hommes et femmes confondus) à accomplir un tour du monde en solitaire : elle avait 16 ans *(voir p. 92)* !

Julien Holtz

LES PIONNIERS

De 600 à 300 av. J.-C.

Hannon, Euthymènes et Pythéas

La trirème de Pythéas.

LES PREMIERS EXPLORATEURS

Trois expéditions commerciales et scientifiques aux confins du monde connu

L'essentiel du globe terrestre n'a aujourd'hui plus de secret pour l'humanité, chaque centimètre carré de terre ou de mer ayant été exploré, étudié, cartographié, voire domestiqué... Un savoir et une maîtrise qui sont parvenus jusqu'à nous grâce à des siècles de découvertes géographiques et scientifiques documentées à travers de nombreux récits...

En vérité, il n'aurait pu y avoir de Christophe Colomb, de Vasco de Gama ou encore de Magellan si les précédentes civilisations n'avaient pas osé naviguer vers l'inconnu... Citons ainsi les périples d'Hannon le Navigateur et ceux d'Euthymènes et de Pythéas les Massaliotes, tous trois pionniers en la matière.

Commençons au VIe siècle av. J.-C. par Hannon, explorateur carthaginois qui a armé 60 navires embarquant chacun 50 rameurs et 400 passagers pour aller s'aventurer au-delà des colonnes d'Hercule (le détroit de Gibraltar) le long des côtes de l'Afrique de l'Ouest. Le but ? Établir de nouveaux comptoirs commerciaux pour mieux maîtriser les flux de marchandises en provenance des colonies. Les récits indiquent qu'Hannon serait descendu jusqu'au Gabon !

À peu près à la même période, la cité de Massalia envoya Euthymènes naviguer jusqu'au fleuve Sénégal. Les Massaliotes avaient eu écho du périple des Carthaginois et voulaient s'informer sur l'étendue de leurs emprises...

L'exploration la plus documentée reste aujourd'hui celle de Pythéas. Vers 325 av. J.-C., l'astronome grec est parti de Massalia pour remonter le long de l'Atlantique nord... Deux objectifs : primo, le commerce, en allant directement à la source des filières de l'étain (en Cornouailles) et de l'ambre (en Baltique) ; secundo, les découvertes. Les différents écrits (en particulier ceux de Strabon et de Pline l'Ancien) parvenus jusqu'à nous racontent que Pythéas serait monté tellement au nord par rapport aux latitudes méditerranéennes qu'il a pu expérimenter les phénomènes polaires (formation de la banquise, soleil de minuit). Au plus haut de son voyage, Pythéas aurait atteint une île qu'il aurait nommée Thulé. Personne ne sait véritablement s'il s'agit de l'Islande, des îles Féroé, des Shetlands ou de la Norvège...

Au fil de cette formidable aventure, le navigateur grec a pu notamment découvrir le phénomène des marées (inconnu des Méditerranéens), il a décrit la géographie et l'ethnologie de la Grande-Bretagne, il a rencontré de nombreux peuples barbares, il a réalisé des mesures de latitude d'une précision étonnante (malgré l'usage d'un instrument astronomique rudimentaire : le gnomon) et il a apporté des preuves de la sphéricité de la Terre...

1487

Bartolomeu Dias

LE CAP DE BONNE-ESPÉRANCE

Deux des caravelles de l'expédition dirigée par Bartolomeu Dias.

Il prouve qu'il est possible de rallier les Indes par la mer

Il est peut-être le navigateur-explorateur le moins connu de tous, ses accomplissements ayant été trop vite balayés par le retentissement de la découverte du « Nouveau Monde » par Christophe Colomb en 1492 *(voir p. 12)*... Pourtant, l'héritage que le Portugais Bartolomeu Dias a laissé à l'humanité est tout aussi important que celui du navigateur génois : Dias a découvert que l'Afrique avait une « finitude », et donc que l'on pouvait la contourner !

Comme « Rome ne s'est pas faite en un jour », les Portugais ont mis quatre générations pour parvenir jusqu'à la pointe sud du continent africain. Le premier initiateur de cette expansion lusitanienne : l'infant Henri le Navigateur, qui lançait l'exploration des côtes africaines en 1415. C'est surtout à lui que l'on doit l'invention des légendaires « caravelles » : la combinaison révolutionnaire d'une coque haute, d'un faible tirant d'eau et d'une voilure très manœuvrable qui avait l'avantage de permettre aux navigateurs de remonter contre le vent.

Bartolomeu Dias naît en 1450 à Mirandela. Côté exploration, il a de qui tenir : son papa, Dinis, aurait découvert le Cap-Vert et l'île de Gorée en 1440. En 1486, âgé de 36 ans, Bartolomeu est chargé par le roi Jean II du Portugal de faire mieux que Diogo Cão, qui rentre d'expédition et qui affirme avoir atteint la Namibie... Pour ce faire, Dias dispose de deux caravelles (avec chacune 25 membres d'équipage) et d'une nef pour les vivres.

Il part de Lisbonne en août 1487. À l'époque, les Européens croient encore que la Terre est plate et que l'univers tourne autour d'elle. Naviguer en haute mer leur paraît insensé... Alors, comme les précédentes expéditions, les trois navires longent les côtes africaines, mettant trois mois à dépasser la latitude atteinte par Cão. Lorsqu'une tempête d'une rare violence oblige les caravelles de Dias à s'abriter dans une baie, c'est un peu par surprise que le capitaine découvre qu'il a basculé à l'est de l'Afrique du Sud ! En effet, Bartolomeu Dias est le navigateur qui, le premier, a doublé le « finistère » sud de l'Afrique...

Son retour à Lisbonne après 16 mois de navigation est triomphal ! Ce cap qu'il a doublé sera renommé « cap de Bonne-Espérance » par le roi. Les cartographes conçoivent pour la première fois que les océans sont des espaces reliés. Le périmètre des possibles s'élargit. Dias vient de prouver qu'on peut rejoindre les Indes par la mer ! D'ailleurs, à peine a-t-il posé pied à terre qu'un homme est venu lui proposer de faire équipe pour trouver un passage vers les Indes par l'ouest... Proposition qu'il déclina... Cet homme ? Christophe Colomb !

1492

Christophe Colomb

L'arrivée de Christophe Colomb en Amérique. Gravure de 1883.

L'AMIRAL DES OCÉANS

L'homme qui a découvert l'Amérique

On peut être le plus grand navigateur-explorateur de l'histoire de l'humanité et s'être trompé toute sa vie ! C'est le cas de Cristoforo Colombo, qui est resté persuadé jusqu'à sa mort que les terres qu'il avait découvertes étaient les « Indes »… alors que, chacun le sait aujourd'hui, il s'agissait du « Nouveau Monde », c'est-à-dire des Amériques !

Né à Gênes, Christophe Colomb a été biberonné, comme beaucoup de ses compatriotes, à la navigation. Pour progresser dans sa connaissance et la pratique de l'océan, il va s'installer chez son frère Barthélemy, cartographe à Lisbonne. Ses convictions : primo, la Terre est ronde ; secundo, les richesses sont en Asie (comme l'a rapporté Marco Polo), et surtout aux Indes ; tertio, on doit pouvoir y aller par l'ouest… Il estime qu'il faudrait 50 jours de navigation depuis le Portugal.

Jean II, le roi portugais, l'écoute à peine. Persuadé de la justesse de son plan, Colomb fait le tour des capitales européennes. La France dit « non merci », l'Angleterre également… En revanche, Isabelle, reine de Castille, lui donne du crédit et lui accorde sa confiance. Nous sommes en 1492, au moment où les soldats espagnols ont réussi à reprendre Grenade, qui était occupée par les Maures. Le 3 août, Colomb quitte le port de Palos de la Frontera avec ses trois vaisseaux qui vont entrer dans l'histoire : la *Santa María*, la *Pinta* et la *Niña*… Le navigateur a obtenu des souverains espagnols les titres d'amiral, de vice-roi des Indes et de gouverneur général des territoires qu'il découvrira !

Le 12 octobre, Rodrigo de Triana, un marin de la *Pinta*, crie à tue-tête : « *Terra ! Terra !* » Il vient d'apercevoir l'île de Guanahani, qui deviendra San Salvador (une île de l'archipel des Bahamas)… On est loin des Indes, mais Colomb touchera quand même Cuba, puis Haïti… Retour triomphal en Espagne, où il est nommé « amiral des mers ». Colomb n'a qu'une idée en tête : repartir pour compléter ses découvertes.

En 1493, ce sont cette fois 17 navires avec plus de 1 500 hommes qui larguent les amarres… De la découverte pacifique, on est vite passé à l'idée de colonisation et même d'esclavagisme. Bien qu'il parvienne à aborder vraiment sur le continent américain en 1498, lors d'un troisième voyage, des conflits avec des colons d'Haïti et surtout un nouveau retour en Espagne avec des cales vides ternissent l'image du grand navigateur. Il repartira pour une quatrième traversée vers les Indes (car il est toujours persuadé que c'est la bonne route), emmenant même son fils de 13 ans. Et il mourra au retour, le 20 mai 1506, convaincu qu'il a offert « les Indes au Roi et à la Reine »…

Planisphère de Domingos Teixeira, 1573.
Bibliothèque nationale de France.

Le pape Alexandre VI organise le partage du monde entre l'Espagne et le Portugal

Un après-midi pluvieux, un dimanche en famille, une soirée d'après-ski... On se fait une partie de *Risk* ? Vous savez, ce jeu de conquête géographique avec pour plateau la carte du monde... À plusieurs occasions dans l'Histoire, les monarques et les dirigeants de nos pays ont eu – pour de vrai – à (re)définir les frontières... On pense par exemple aux accords de Yalta (1945) entre les pays vainqueurs de la Seconde Guerre mondiale. On pense aussi au congrès de Vienne (1815), qui devait redécouper l'Europe suite à la défaite de Napoléon Ier...

Traités, congrès, pactes... Peu importe le nom, ces accords servent en général à redistribuer les cartes entre des pays qui se sont fait la guerre... Dans l'Histoire, un traité fait exception à ce principe : le traité de Tordesillas. Accord conclu entre le Portugal et la Castille (l'Espagne), sous l'égide du pape Alexandre VI, pour que ces deux royaumes se répartissent le monde au fil des « grandes découvertes ». *Highway to Hell*... ou l'autoroute vers le colonialisme...

Au fait, ne vous êtes-vous jamais demandé pourquoi, au Brésil, on parlait portugais alors que partout ailleurs en Amérique du Sud on parle espagnol ? La réponse découle en grande partie de ce traité de Tordesillas, dont nous allons vous expliquer l'origine...

Vous n'êtes pas sans savoir qu'au cours du XVe siècle nombre de navigateurs ont été diligentés par ces deux royaumes pour aller explorer le monde afin de conquérir des territoires inconnus et leurs précieuses ressources... Les Portugais les premiers, avec Henri le Navigateur, qui inventait la caravelle et lançait l'exploration des côtes africaines en 1415, jusqu'à ce que Bartolomeu Dias double le cap de Bonne-Espérance en 1487 *(voir p. 11)*... Puis les Espagnols, avec le premier voyage de Christophe Colomb – au service de la Castille – entre 1492 et 1493 *(voir ci-contre)*, à la recherche d'une route vers les Indes par l'ouest, qui a changé beaucoup de choses... Sans le savoir, le navigateur génois mettait un pied aux Bahamas, puis un autre à Cuba...

À force de se croiser en mer et de se contester les territoires, Espagnols et Portugais n'ont eu d'autre choix que de trouver un accord. Ainsi, sous l'égide du pape (car l'Église avait une sorte de pouvoir supérieur – *potestas* – sur les seigneurs vis-à-vis des terres), une ligne imaginaire fut tracée dans l'Atlantique à 370 lieues (1 770 km) des îles du Cap-Vert. Ce qui se trouvait à l'est de cette ligne était pour les Portugais, ce qui était à l'ouest était pour les Espagnols... Une partie du Brésil étant à l'est de cette ligne, Pedro Álvares Cabral a donc pu y débarquer et revendiquer ces terres pour la couronne portugaise... Et voilà les Brésiliens parlant portugais !

COLONISATION

1519

Fernand de Magellan

CIRCUMNAVIGATION

Illustration de l'équipage de Fernand de Magellan lui prêtant allégeance après une mutinerie infructueuse.

L'histoire du premier tour du monde à la voile

De temps en temps (toujours, diront certains), il vaut mieux ne pas se mêler des affaires des autres. Le 27 avril 1521, Fernand de Magellan oublie ce principe de base qui vous assure une existence calme et sereine : il est tué par une flèche empoisonnée au cours d'une bataille entre deux chefs indigènes de l'île de Mactan, dans les actuelles Philippines. Il avait pris fait et cause pour l'un des deux. Erreur fatale, alors qu'il était sur le point de réaliser un exploit absolument historique pour l'humanité : boucler le premier tour du monde à la voile.

Pas très étonnant, en réalité, de voir Magellan prendre une arme pour régler un conflit. Ce navigateur portugais, né en 1480, est de fort caractère, extrêmement courageux, ambitieux et audacieux. À 25 ans, il s'engage à bord de bateaux militaires portugais qui vont guerroyer autour du cap de Bonne-Espérance. En Inde, il est même blessé. Mais rien ne l'arrête. Déçu par le roi portugais Manuel Ier, qui rejette sa demande pour naviguer vers les Moluques, les « îles aux épices », gage d'immenses richesses, il s'installe à Séville et met son énergie et ses connaissances des océans au service de l'Espagne. C'est avec le soutien du futur Charles Quint – grâce à une flotte de cinq navires et 235 marins – qu'il pourra réaliser ce dessein. Direction les Moluques, donc, de l'autre côté de la Terre, en compagnie d'un cartographe italien avec lequel il a préparé son expédition, Antonio Pigafetta. Ils hissent les voiles le 20 septembre 1519.

Génie de Magellan, il va passer par l'ouest, en contournant l'Amérique. Il longe d'abord les côtes africaines, traverse l'Atlantique et rejoint le Brésil, puis cap au sud, où il découvre un passage (le fameux détroit de Magellan) vers un océan qu'il qualifiera de « pacifique » ! Évidemment, cela se révélera difficile : tentatives de mutinerie, tempête, vagues monstrueuses et famine à bord en traversant cet océan gigantesque...

Finalement, après seize semaines de mer, la flotte commandée par Magellan atteint l'île de Guam et peut enfin se ravitailler. Mais l'épisode de la mort du navigateur remet tout en question. Un des capitaines, Juan Sebastián Elcano, réorganise la flotte, réduite à deux navires, dont l'un s'échoue. Elcano réussit à reprendre la mer après avoir embarqué une cargaison d'épices... Son navire, la *Victoria*, avec seulement 21 hommes à bord, esquivant la menace de la flotte portugaise, traverse l'océan Indien, contourne l'Afrique, remonte l'océan Atlantique et, à la surprise générale, entre dans le port de Séville le 8 septembre 1522. En trois ans, les rescapés ont parcouru 85 700 km pour un premier tour du monde.

Saisie des navires de l'Invincible Armada espagnole par sir Francis Drake.

LE CAP HORN

La découverte du cap le plus au sud des terres émergées

Horn, Everest, Le Mans, Embrun, Indianapolis… Il y a des noms de caps, de montagnes, de villes ou de circuits qui résonnent dans notre esprit comme ceux où l'être humain est allé plus vite, plus haut, plus fort, plus loin… Pour les navigateurs, le cap Horn fait partie de ceux-là ; car, pour y parvenir, il faut avoir doublé Bonne-Espérance et Leeuwin, navigué à la limite des glaces, contourné l'Antarctique…

Le Horn est le cap le plus au sud de tous : une falaise de 425 m de haut située sur une petite île à l'extrême sud du Chili, en Terre de Feu. Ses coordonnées GPS : 55° 58′ 48″ sud / 67° 17′ 21″ ouest. Pour s'en approcher, il faut naviguer dans les 50es hurlants ! Une zone si inhospitalière qu'un dicton marin dit : « Sous 40°, il n'y a plus de loi, mais sous 50°, il n'y a plus Dieu. »

Être cap-hornier est un véritable exploit pour lequel marins et bateaux doivent avoir les « reins solides » : le mental et l'expérience pour l'homme, la robustesse pour le bateau… Le premier à l'avoir été est un Britannique : sir Francis Drake, en septembre 1578. Le corsaire anglais est le deuxième explorateur à réaliser un tour du monde après Magellan et Elcano *(voir ci-contre)*. Jusque-là, les Portugais et les Espagnols avaient un quasi-monopole sur les grandes conquêtes et s'étaient même entendus en 1494 pour se partager le monde *(voir p. 13)* ! En marge de cet accord, les Britanniques, les Français ou les Hollandais ont longtemps dû jouer les corsaires pour glaner par-ci par-là des miettes du gâteau mondial… Ainsi, toute sa carrière, sir Francis Drake l'a passée à contester aux Espagnols les richesses des nouveaux territoires… Jusqu'à défaire l'Invincible Armada dans la guerre que l'Espagne intentait à l'Angleterre en 1588…

Beaucoup ont remis en question le fait que Drake ait découvert le cap Horn, car les descriptions qu'il en a faites ne correspondent pas à la réalité topographique… Toutefois, cette hypothèse d'un autre passage possible a motivé de nouvelles expéditions, hollandaises cette fois-ci : au début des années 1600, il y avait deux routes pour rejoindre l'Extrême-Orient (via le détroit de Magellan ou via le cap de Bonne-Espérance) et elles faisaient l'objet d'un monopole de la Compagnie néerlandaise des Indes orientales. Alors, dans l'espoir de briser ce monopole, le marchand Jacob Le Maire et le navigateur Willem Schouten sont partis en 1615 à la découverte du fameux cap décrit par Drake… Cap qu'ils ont atteint en janvier 1616 et qu'ils ont nommé « Hoorn » en l'honneur du « sponsor » de l'expédition, la ville hollandaise du même nom…

1768

James Cook

Le capitaine James Cook examinant les moais sur l'île de Pâques.

MALHEUR AU GÉNIE

L'explorateur des océans de l'hémisphère Sud

Les pires ennemis des marins ? Les vagues scélérates, bien sûr, le vent, le froid, les OFNI (objets flottants non identifiés), la casse du matériel, les voiles qui se déchirent… Ajoutons, à l'époque des grands navigateurs : la faim et la soif, pour les traversées interminables ; plus étonnant, les lapins clandestins dévoreurs de cordages. Et puis pendant longtemps le scorbut. Une maladie terriblement mortifère due à une carence alimentaire en vitamine C… Le navigateur James Cook avait son idée pour en protéger ses équipages pendant les trois grandes et longues expéditions qu'il organisa à partir de 1768 : il obligeait ses marins à manger des oranges ! Vitamine C et système C, comme Cook…

Fils d'un fermier, le jeune James Cook devient matelot dans la marine marchande anglaise. Révélation pour lui et ses supérieurs, qui l'enrôlent dans la Royal Navy. Cook est un surdoué, il grimpe les échelons, devient capitaine puis se révèle remarquable cartographe en dessinant le fleuve Saint-Laurent pendant la guerre contre la France au Canada.

Lorsque la Société royale britannique a besoin d'une expédition scientifique aux antipodes pour des mesures au moment où la planète Vénus doit passer devant le Soleil, Cook est choisi. En août 1768, il quitte Plymouth direction le Pacifique sud. Officiellement pour Vénus, secrètement pour arriver avant les Français dans toutes les îles possibles de la région…

Ses trois missions au bout du monde seront des réussites. Il est d'abord le premier Européen à cartographier l'Australie ; le premier aussi à découvrir que la Nouvelle-Zélande est formée de deux îles. Quelques années plus tard, on le retrouve dans le Pacifique. Il approche alors de l'Antarctique, défendu par ses banquises, s'arrête dans la fameuse île de Pâques (1774) et retourne à Tahiti. Pour son troisième et dernier voyage, Cook remonte tout le Pacifique et cherche un passage pour rejoindre l'Atlantique par le nord, mais, passé le détroit de Béring, les glaces lui interdisent d'aller au-delà, même au mois d'août. Il redescend alors vers des climats plus accueillants pour hiverner à Hawaii (qu'il nommera « îles Sandwich », du nom de son mécène, le comte de Sandwich). Malheureusement, il y rencontre un destin « à la Magellan » *(voir p. 14)* : il est roué de coups et tué par des indigènes qui lui reprochent de vouloir les châtier (en prenant le chef de l'île en otage) pour un énième vol de chaloupe. L'Angleterre, en cette année 1779, perd l'un de ses plus grands marins…

1898

Joshua Slocum

Le Spray dans le port de Sydney en 1896.

Joshua Slocum.

Le premier marin à accomplir un tour du monde en solitaire

Voici le destin hors du commun de Joshua Slocum, né en 1844 dans la baie de Fundy (Nouvelle-Écosse) et auteur du premier tour du monde en solitaire à la voile en 3 ans, 2 mois et 4 jours...

Cinquième d'une fratrie de onze enfants, il goûte à la voile à 12 ans et devient capitaine dans la marine marchande à 26 ans pour convoyer partout sur le globe du charbon, de la poudre à canon et des barils de pétrole... Dans les années 1880, c'est au moment où il réalise l'un de ses rêves en devenant coarmateur du *Northern Light* (66 m et 1 800 tonneaux) que sa vie bascule : succession d'avaries, concurrence de la vapeur et embrouilles avec son équipage... Slocum doit « réduire la voilure » et se rabat sur l'*Aquidneck*, un clipper de 43 m. Mais sa femme, Virginie, tombe malade et meurt en 1885 en escale à Buenos Aires... La variole emporte la moitié de ses marins... Pire encore, en 1887, l'*Aquidneck* s'échoue dans la baie de Paranaguá, au Brésil ! De son épave, Slocum récupère le bois et les voiles ; et parvient à construire en l'espace de six mois un « canot-voilier » de 10,67 m, à bord duquel il remonte avec ses sept enfants, mettant le cap vers New York... Les 53 jours et 5 500 milles de navigation lui donnent alors des envies d'aventure en solitaire...

Oui, mais à bord de quel navire ? Réponse : le *Spray* ! Un antique sloop presque centenaire qui lui a été offert durant l'hiver 1892 par le capitaine baleinier Eben Pierce. L'épave était en train de pourrir dans un bras de la rivière Chesapeake... Après la mauvaise fortune de l'*Aquidneck*, plus rien n'effraie Slocum, qui restaure le *Spray* de fond en comble ! C'est donc le 24 avril 1895 qu'il largue les amarres depuis le port de Boston. Il a, en tout et pour tout, 1 dollar et 80 cents en poche !

Après avoir envisagé un temps de passer par le canal de Suez, l'aventurier fait demi-tour à Gibraltar et revient caboter autour de l'Amérique du Sud. En traversant le détroit de Magellan – l'anecdote est cocasse –, il pare à une attaque de pirates en jonchant le pont de son bateau de clous de tapissier ! Une alarme Verisure avant l'heure !

Son tour du monde est entrecoupé de nombreuses escales, dont une de six mois en Australie. Sur l'eau, son *Spray* est tellement bien équilibré que, au nord-ouest de la Nouvelle-Guinée, le voilier va parcourir 2 200 milles en 27 jours sans que Slocum n'ait à toucher à sa barre ! La suite et fin du voyage l'emmène vers La Réunion, le cap de Bonne-Espérance puis les Antilles, avant de retrouver Boston le 28 juin 1898, soit 1 161 jours plus tard... Vous en conviendrez, un « circum » (tour du monde) bien plus *slow* (lent) que les 42 jours de François Gabart en 2017 (voir p. 96) !

SLOW CIRCUM

1923

Alain Gerbault

UN MARIN PAS COMME LES AUTRES

Alain Gerbault à bord du *Firecrest* dans le port du Havre à la fin de son périple.

Atlantique : première traversée est-ouest en solitaire

27 juillet 1929, stade Roland-Garros : soudain, en plein milieu du match de double opposant la France aux États-Unis, pendant la Coupe Davis, les 10 000 spectateurs présents entonnent *La Marseillaise* ! Moment unique ! L'arbitre de chaise, Nicolas Redelsperger, est obligé de suspendre la partie que les Américains Allison et Van Ryn sont en train de gagner face à Borotra et Cochet. Explication : Alain Gerbault vient d'entrer dans la tribune officielle, guidé par Pierre Gillou, le capitaine de l'équipe de France, qui le présente au public... Applaudissements à tout rompre. Jean Borotra pose sa raquette et vient saluer chaleureusement le navigateur...

En quelques années, Alain Gerbault est devenu une vedette sportive connue du monde entier. L'exploit qui l'a fait entrer dans la légende : il est le premier marin à avoir réussi la traversée de l'océan Atlantique d'est en ouest en solitaire.

Tennisman avant tout, il joue plusieurs finales de double de grands tournois comme Roland-Garros ou les championnats du monde. Alain Gerbault est un compétiteur né, un audacieux, et même un rebelle. Pilote de chasse pendant la Première Guerre mondiale, son courage et son habileté lui permettent d'obtenir la croix de guerre et la Légion d'honneur. Ensuite, sa vie va basculer sur un coup de cœur – pour son bateau, le *Firecrest* – et sur une envie : se retrouver lui-même, loin des mondanités et du monde civilisé.

Le 25 avril 1923, il largue les amarres, quitte Cannes, où il s'entraînait, dépasse Gibraltar et s'engage dans l'Atlantique... Lentement d'ailleurs, car il met plus de trois mois pour rallier l'Amérique. Un peu contre son gré, il a rendez-vous avec la gloire... C'est après 101 jours de navigation, dans la nuit du 15 décembre 1923, que son bateau, le *Firecrest*, entre dans le port de New York. Les journaux américains, avec mépris, parleront du *Firecrest* (un oiseau, le « roitelet », en anglais) comme d'une « vieille baignoire pourrie »... Alain Gerbault est vexé, mais il s'en moque, car malgré des voiles déchirées, de nombreuses avaries, des vents contraires : il a réussi !

Un an plus tard, il reprendra son bateau pour un tour du monde qu'il qualifiera lui-même de « poursuite du soleil ». Après 700 jours de mer entrecoupés de longues escales, 50 000 personnes l'acclameront lorsqu'il débarquera au Havre le 26 juillet 1929... et 10 000 autres le lendemain à Roland-Garros !

Virginie Hériot à la barre de son voilier dans les années 1930.

1928
JEUX OLYMPIQUES

Virginie Hériot

MADAME DE LA MER

Championne au milieu des hommes

Les vents ont souvent été favorables aux voiles tricolores lors des Jeux olympiques : 49 médailles, dont quinze en or. De Paul Perquer et Émile Billard (catégorie 10-20 tonneaux) en 1900 à la véliplanchiste Charline Picon (RS:X) en 2016, en passant par les victoires splendides de Péponnet-Pillot (catégorie 470) en 1988 ou de Nicolas Hénard (catégorie Tornado) en 1988 avec Jean-Yves Le Déroff et en 1992 avec Yves Loday... Sans oublier, en planche à voile, Franck David (catégorie Lechner Division II) en 1992 ou Faustine Merret (catégorie Mistral One) en 2004...

Parmi les grandes réussites tricolores, il faut mettre en exergue une femme exceptionnelle, que l'écrivain et Prix Nobel de littérature 1913 Rabindranath Tagore a surnommée « Madame de la Mer ».

Née loin des océans, au Vésinet, dans une famille particulièrement aisée (son père possédait les Grands Magasins du Louvre), Virginie Hériot va découvrir à 14 ans, au cours d'une croisière, le bonheur de naviguer. Marquée à jamais par la mort de son petit frère et la disparition de son père alors qu'elle était enfant, elle fait de la voile sa passion absolue. À ce propos, elle dira : « Heureux ceux qui souffrent jeunes, ils sont à bonne école ! »

Son temps, son argent, toute son énergie, seront dépensés pour construire des voiliers, naviguer et gagner de grandes régates. La preuve en chiffres : à 22 ans, elle conçoit son premier bateau et participe à la Coupe de France de yachting. À sa barre, elle va parcourir l'équivalent de sept fois le tour de la Terre ! Rien qu'en 1924, Virginie s'engage dans 19 courses. Véritable entrepreneuse, elle emploiera jusqu'à 26 hommes d'équipage à l'année.

Béret noir fétiche sur des cheveux plaqués en arrière, le regard franc et direct, les mains solides sur la barre, « le matelot Virginie » – c'est le nom qu'elle se donne – vogue de victoire en victoire. En 1927, elle conquiert le plus ancien des trophées français de yachting, la One Ton Cup. Mais, à n'en point douter, la plus belle de toutes ses victoires, c'est en août 1928, sur les eaux du Zuiderzee, lors des Jeux d'Amsterdam : à bord de son splendide 8 Metre, l'*Aile VI*, elle gagne trois des sept régates olympiques. Médaille d'or pour ce fier capitaine d'un équipage de cinq marins (Bouché, Derrien, Lesauvage, Lesieur et de La Sablière).

Le Class Yacht Club raconte que, quatre ans plus tard, en août 1932, engagée dans une course du club d'Arcachon, elle s'évanouit à la barre de son bateau. Le lendemain, elle meurt à bord d'*Ailée II*, à 42 ans. Selon son souhait, ses cendres seront dispersées au large de la Bretagne.

1943

Vito Dumas

LUCHA, *ENTEREZA*, GRANDEZA, HOMBRÍA

Vito Dumas.

Le globe vaincu par les 40es rugissants

Lucha (lutte), *entereza* (fermeté), *grandeza* (grandeur), *hombría* (honnêteté) : quatre mots dont les initiales ont composé le nom des deux voiliers avec lesquels l'Argentin Vito Dumas a écrit sa légende... Avec *Legh*, la traversée de l'Atlantique ; avec *Legh 2*, le tour du monde le long du 40e degré de latitude sud, cet endroit du globe pas très amical – c'est un euphémisme –, où se déchaînent en permanence les vents et les flots...

Vito naît le 26 septembre 1900 à Buenos Aires. Il se fait remarquer en 1923 en tentant cinq fois la traversée du Río de la Plata à la nage. Huit ans plus tard, il se rend en France pour réaliser celle de la Manche. Pour rentrer au pays, quoi de mieux que de le faire avec un 8 Metre JI laissé à l'abandon à Arcachon ? Son expérience nautique quasi inexistante et un bateau inadapté à la navigation hauturière ne l'empêcheront pas de réussir le premier exploit de sa vie : la traversée de l'Atlantique en cinq étapes, parcourant 6 270 milles (11 600 km) en 76 jours.

En 1934, il fait construire un ketch Marconi de 9,50 m (inspiré des bateaux de pêche norvégiens) et planche sur un projet de tour du monde en solitaire... L'Argentin largue les amarres le 27 juin 1942, tandis que la Seconde Guerre mondiale fait rage partout sur le globe... Deux précautions valant mieux qu'une : Dumas va naviguer en ligne droite le long du 40e degré de latitude sud (zone ne présentant aucun intérêt géostratégique pour les belligérants) et sans aucun moyen de communication radio (pour éviter d'être considéré comme un espion) !

À son retour à Buenos Aires, le 8 août 1943, Dumas est accueilli en héros. Il a parcouru 20 420 milles (37 800 km) en 272 jours de mer, réalisant quatre escales (Le Cap, Wellington, Valparaíso et Mar del Plata). L'exploit est retentissant ! L'Argentin a ainsi atteint son but : galvaniser son pays. Et il est le premier navigateur solitaire à avoir fait le tour du monde par les trois caps (Slocum ayant court-circuité le Horn en passant par le détroit de Magellan – *voir p. 17*).

S'il est parvenu à éviter le « front » militaire, il n'a en revanche pas pu esquiver celui de la météo. Imaginez que lors de sa première étape il a navigué au cœur de la tempête 55 jours durant ! Sur un bateau de 9,50 m bringuebalé par des vagues de 15 m de haut... Histoire de se compliquer la tâche, Dumas a dû envisager un temps l'amputation de son bras droit gangréné par une plaie infectée à la main ! Mais l'aventurier n'avait rien à bord pour la réaliser et l'abcès s'est crevé comme par miracle... Une anecdote qui colle à merveille au nom que Dumas avait donné à son bateau !

1952

Alain Bombard

Alain Bombard à bord de L'Hérétique, son Zodiac de 4,65 m, avec lequel il a défié l'océan Atlantique.

NAUFRAGÉ VOLONTAIRE

La traversée de l'Atlantique à la dérive sur un canot

Le 23 décembre 1952, Alain Bombard accoste à la Barbade après 113 jours de mer ; il vient de traverser l'océan Atlantique en solitaire à bord d'un Zodiac, sans eau potable ni aliments solides ! Pure folie ? Pour la plupart d'entre nous, certainement. Aux yeux de Bombard, non !

Le déclic ? Bombard le raconte dans son livre *Naufragé volontaire* : interne à l'hôpital à Boulogne-sur-Mer, il reçoit les cadavres de 43 marins ayant péri dans le naufrage de leur chalutier.

En 1952, il devient chercheur à l'Institut océanographique de Monaco et se met en tête de prouver que l'homme peut survivre en mer dans les pires conditions et que les « naufragés meurent de désespoir », non de faim ou de soif. Pour cela, il se lance dans une expérimentation grandeur nature et baptise son embarcation *L'Hérétique*, « une manière d'affirmer sa différence alors que tout le monde le prenait pour un fou », commente Gérard d'Aboville.

L'équipement est sommaire : une petite voile, un sextant pour la navigation, un filtre à plancton et du matériel de pêche. Les conditions sont trop dures pour Jack Palmer, son compagnon d'infortune, qui jette l'éponge à Tanger. Mais Bombard a la foi et repart seul de Las Palmas (Canaries) le 19 octobre 1952.

Plus scientifique que marin, il consigne tout : ses sensations, son état général, sa tension, son rythme cardiaque... Il adapte son alimentation pour tirer le meilleur des ressources de la mer : il filtre le plancton, riche en vitamine C, pour combattre le scorbut. Pour s'hydrater, il obtient une sorte de jus non salé en pressant la chair des poissons qu'il pêche. Et la mer à boire ? À petites doses. Il compte sur l'eau de pluie, mais elle tarde à tomber : trois semaines d'attente !

La traversée s'allonge, Bombard s'est trompé dans ses calculs. Les fréquentes crises de diarrhée, le stress, la peur de la mort, amenuisent son énergie. Au bout de 55 jours de mer, il croise la route de l'*Arakaka*, un cargo qui l'accueille à son bord. L'équipage lui offre une collation salvatrice : un œuf, un « très petit » morceau de foie de veau, une cuillerée de chou et deux fruits. Mais le médecin refuse d'abandonner, il est près du but et ne veut pas donner raison à tous ses détracteurs. Il touchera terre 10 jours plus tard, amaigri de 25 kg, prouvant par les faits la véracité de sa thèse.

1967

Sir Francis Chichester

Francis Chichester à bord de Gipsy Moth III *dans le port de New York.*

LE VIEIL HOMME ET LA MER

Seul autour du monde contre la légende du *Cutty Sark*

On a coutume de dire que la retraite est une « petite mort »... Autant vous le dire tout de suite : sir Francis Chichester a fait partie de ceux qui ignorent la signification de ce mot ! À un âge – 65 ans – où certains se disent qu'ils peuvent « enfin » couler des jours paisibles, lui traversait les 40es rugissants pour accomplir un tour du monde à la voile en solitaire avec une seule escale ! Son objectif : voguer sur les océans plus vite que les légendaires clippers du XIXe siècle. C'était ambitieux, mais, comme l'a si bien écrit Oscar Wilde : « Il faut toujours viser la lune, car, même en cas d'échec, on atterrit au milieu des étoiles. »

Avant de devenir une icône de la course au large, Francis Chichester s'est illustré par un exploit aéronautique retentissant : en 1929, à 28 ans, il fait l'acquisition d'un petit biplan baptisé *Gipsy Moth*, avec lequel il va voler de l'Angleterre jusqu'en Australie en 41 jours ! Récupérant une paire de flotteurs à la Royal New Zealand Air Force, il transforme son aéronef en hydravion et projette de faire le tour du monde en solitaire ! Un accident de vol au Japon aura raison de ses ambitions...

Chichester découvre le nautisme « sur le tard », en 1950... L'âge venant, on pourrait croire que le bonhomme va se calmer. Bien au contraire ! En 1958, il survit à un cancer du poumon. Deux ans plus tard, à la barre de *Gipsy Moth III*, il gagne la première édition de la Transat anglaise, course qu'il a cofondée avec Blondie Hasler *(voir p. 34)* ; mais lors de l'édition suivante, en 1964, il bute contre le talent d'un jeune Français du nom d'Éric Tabarly. Il se relance alors avec un projet encore plus fou : s'il a échoué à faire le tour du monde en solitaire en avion, il le réussira à la voile ! Mieux encore : il veut le faire plus vite que le *Thermopylae* et le *Cutty Sark*, deux légendaires clippers britanniques qui se sont affrontés cent ans plus tôt lors de la Great Tea Race ! Ces deux navires de commerce mesuraient 80 m, ils étaient surmontés d'une voilure de 3 000 m² et il leur fallait près de 40 marins ! Au prix de régates très disputées, ils reliaient Sydney à Londres en 73 jours...

Gipsy Moth IV, le voilier à la barre duquel Chichester est parti de Plymouth le 27 août 1966, est beaucoup plus petit : 16 m seulement et moins de 100 m² de voilure ! Il lui faut 107 jours pour atteindre Sydney, 119 de plus pour faire le tour de l'Antarctique, franchir le cap Horn et rentrer à Plymouth... Chichester perd 20 kg dans l'aventure, mais gagne la reconnaissance de ses concitoyens et celle de la reine Élisabeth II, qui l'élève au rang de chevalier commandeur de l'ordre de l'Empire britannique !

1971

Chay Blyth

Chay Blyth à bord du British Steel *de retour de son tour du monde en solitaire.*

ENVERS ET CONTRE TOUT

Le premier tour du monde en solitaire et sans escale contre vents et marées

Déraisonnable ! Projet inconsidéré ! Pure folie ! C'est sûrement ce que nombre de personnes dans l'entourage de Chay Blyth ont pensé quand il leur a annoncé son projet de réaliser un tour du monde à la voile, en solitaire, dans le sens inverse des vents et des courants dominants…

Pourquoi cette idée saugrenue, alors qu'il est quand même plus simple de surfer dans le sens de la houle et de naviguer au portant ? Réponse : l'Écossais cherchait à gommer la frustration de son échec lors du Golden Globe 1968 par un challenge encore plus relevé…

Les faits : Chay Blyth est un vaillant Écossais né dans les Highlands en 1940. Sa carrière militaire débutée chez les parachutistes dès ses 18 ans lui a inspiré cette réflexion : « Pour que la vie vaille la peine d'être vécue, il faut qu'un être humain parvienne à l'accomplissement de lui-même. » Et l'Écossais va très rapidement mettre cette maxime en pratique : en 1966, c'est à la rame (!) qu'il se lance à l'assaut de l'Atlantique, en duo avec un officier de son régiment. Ils mettront 92 jours à relier Cape Cod (États-Unis) aux îles d'Aran (Irlande)…

Il quitte l'armée l'année suivante et prévoit de participer, en 1968, à la première course en solitaire autour du monde, le Golden Globe Challenge – qui sera remporté par sir Robin Knox-Johnston *(voir p. 35)*. Mais, parvenu en Afrique du Sud, il réalise que *Dysticus*, le petit voilier de croisière de 9,15 m qu'on lui a prêté, est inadapté pour poursuivre sa route à travers les 40es rugissants et les 50es hurlants…

Frustré, Blyth envisage de traverser les Andes ou bien de descendre l'Amazone en canoë… C'est sa femme, Maureen, qui va lui inspirer ce challenge censé effacer l'échec du Golden Globe : le navigateur s'était plaint de l'instabilité du bateau dans les allures portantes ; très pragmatique, Maureen lui a alors suggéré de faire le tour du monde contre les courants et les vents ! Un seul aventurier l'avait réussi avant lui, mais en trois ans et avec de multiples escales : Joshua Slocum *(voir p. 17)*.

Blyth prend la mer le 18 octobre 1970 à bord d'un solide ketch en acier de 18 m que lui a construit British Steel Corporation. C'est en héros qu'il revient en Angleterre le 6 août 1971 de son « impossible voyage » (titre du livre racontant son exploit) après 292 jours de « combat » contre les éléments. Il inspirera d'autres navigateurs qui, tour à tour, feront baisser le record : Mike Golding (161 jours en 1994), Philippe Monnet (151 jours en 2000) et Jean-Luc Van Den Heede (122 jours en 2004).

1975

Georges Pernoud

Georges Pernoud en 1987.

« THALASSA »

Histoire de l'émission emblématique 100 % dédiée à la mer

« *Thálassa ! Thálassa !* » (La mer ! La mer !) : tel est le cri que poussèrent les Dix Mille grecs (la légion de mercenaires enrôlés par Cyrus le Jeune pour renverser le trône de Perse en 500 av. J.-C.) lorsqu'ils aperçurent la mer Noire. Leur retraite fut un enfer ; la vue de la mer, une délivrance…

Thalassa, c'est ce mot grec qui a donné son nom à l'une des plus anciennes émissions de télévision encore à l'antenne aujourd'hui (avec notamment « Stade 2 » et « Le Jour du Seigneur »). Son inspirateur, fondateur, producteur et présentateur ? Georges Pernoud !

Né à Rabat, au Maroc, en 1947, Pernoud commence une carrière de cameraman à l'ORTF en 1968. Parmi ses tournages notoires, il accompagne Haroun Tazieff au Congo, sur le cratère du Nyiragongo, et en Éthiopie, dans la plaine du Dallol ; c'est surtout sa participation, en 1973, à la première édition de la Whitbread, la célèbre course autour du monde par étapes et en équipage *(voir p. 37)*, qui le fait entrer de plain-pied dans le monde de la mer…

Jean-Pierre Millet et Dominique Guillet, les skippers de *33-Export*, cherchaient un cameraman célibataire pour faire des images durant la course. Comme souvent, pas de réussite sans prise de risque ou concessions personnelles : Georges Pernoud lève le doigt et monte à bord. Il fera partie intégrante de l'équipage… Le comble : il n'a pas le pied marin ! Au cours de la traversée du golfe de Gascogne, dont les navigateurs avertis connaissent la houle tumultueuse, le jeune cameraman est malade durant 4 jours… Et dans la nuit du 23 au 24 novembre, Pernoud voit la brutale disparition de Guillet, jeté à la mer par une « lame » alors qu'il faisait une manœuvre sur le pont…

L'expérience de cette course le fait réfléchir… La télévision française manque d'un magazine 100 % dédié à la mer… Erik Orsenna, qui a préfacé l'autobiographie de Pernoud parue en 2015, explicite ce constat avec une phrase de Tabarly : « Pour les Français, la mer, c'est le truc qu'il y a derrière quand on remonte de la plage. »

Alors, le 4 juin 1975, bien inspiré, le cameraman propose aux patrons de FR3 l'idée d'un magazine de découverte à vocation grand public. Deux jours plus tard, le projet est validé ! Premier numéro diffusé le 27 septembre 1975, d'abord sans animateur… Pernoud apparaît à l'écran à partir de 1980 et sera la figure de proue de ce magazine de légende durant 37 ans…

Atteint par la limite d'âge dans le service public, il a rendu l'antenne en 2017 avant de monter aux cieux en 2021. Alors, comme il avait l'habitude de le faire en clôturant chacune de ses émissions, nous lui souhaitons « bon vent ! » parmi les anges…

1977

Willy de Roos

Willy de Roos et son Williwaw devant les murs de glace du passage Nord-Ouest.

LE PASSAGE DU NORD-OUEST

Le premier à relier en solitaire l'Atlantique au Pacifique à travers les glaces du Grand Nord canadien

Ils sont nombreux à avoir cherché un passage qui démontrerait la possibilité d'une route maritime entre l'Atlantique et le Pacifique en passant au nord du continent américain… Nombreux à avoir caboté le long des côtes, à avoir tâtonné et tergiversé – entre baies, caps et embouchures de fleuves –, à avoir navigué à vue sans comprendre ni vraiment mesurer ce qu'ils découvraient, et surtout à s'être cassé les dents sur les glaces du cercle polaire…

À commencer par Giovanni Cabot, qui a probablement atteint Terre-Neuve en 1497, et Jacques Cartier, qui a exploré l'estuaire du Saint-Laurent en 1534. Entre le XVIe et le XVIIe siècle, les Anglais se sont montrés particulièrement entreprenants, avec Martin Frobisher, John Davis et Henry Hudson… De l'autre côté, Vitus Béring – un officier danois servant la marine russe – confirmait en 1728 l'existence d'un détroit entre l'extrémité est de la Russie et l'Alaska… L'étau se resserrait, les choses commençaient à se préciser…

Au final, il a fallu attendre quatre siècles pour qu'en 1906 un jeune Norvégien de 30 ans ne parvienne à passer là où des dizaines de marins se sont perdus dans un véritable dédale d'îles et de mers intérieures prises dans les glaces… Accompagné de sept marins, Roald Amundsen a dû faire preuve d'une certaine « patience » (le périple dura trois ans) pour trouver l'ouverture et il a mis à profit ses deux « hivernages » forcés pour apprendre des Inuits comment s'adapter à ces conditions extrêmes…

Un peu plus de 70 ans plus tard, en 1977, un homme a fait encore plus fort qu'Amundsen : Willy de Roos, un entrepreneur hollando-belge, a réussi l'exploit d'emprunter ce mythique passage du Nord-Ouest… en solitaire et en trois mois seulement ! Bien inspiré et surtout très documenté sur le sujet, le navigateur a fait construire le *Williwaw* : un ketch de 13 m équipé d'une coque en acier doublée en laine de verre et d'une étrave brise-glace. Bien sûr, de Roos a choisi de faire sa tentative durant le seul moment de l'année où, à l'époque, la banquise se laissait percer et pénétrer (cela a bien changé avec le réchauffement climatique)…

Ce périple fut loin d'être une sinécure pour l'aventurier solitaire : dans ses récits et ses conférences, de Roos évoquait souvent le stress qu'avait pu lui causer ce milieu glaciaire. Ajoutez à cela l'impossibilité de naviguer au compas, lequel était complètement déréglé par la proximité du pôle Nord… Surveiller la glace, s'orienter au sextant en mesurant le gisement du soleil… et puis composer avec le fameux « soleil de minuit » ! Vous comprenez que Willy ait eu du mal à fermer l'œil durant cette aventure…

1977

Éric Loizeau

DU CAP HORN À L'EVEREST

Éric Loizeau (avec le masque) et Pemba Sherpa au sommet de l'Everest.

Lancé par Tabarly, Loizeau atterrit sur le toit du monde

La vie de journaliste vous offre certains privilèges, comme celui de rencontrer des personnages aux histoires exceptionnelles. Grâce à Jean-Marc Peillex, nous avons eu la chance, en 2006, de croiser la route d'Éric Loizeau. Il était venu à Saint-Gervais partager avec nous son expérience de l'ascension de l'Everest quelques jours avant notre tentative du mont Blanc... Deux mois plus tôt, ce sont les Bleus de Domenech et de Zidane qui avaient eu ce même privilège lors de leur stage de préparation à Tignes...

Stop ! Mettons le replay sur pause... Vous ne voyez rien de louche dans notre propos ? Nous, si... Éric Loizeau, un marin au sommet de l'Everest ? Eh bien oui : le Breton est effectivement allé sur le toit du monde en 2003, grâce à une expédition de copains organisée à l'occasion des 50 ans de la première ascension par Edmund Hillary et son sherpa Tensing Norgay.

Éric Loizeau est avant tout un grand, un immense navigateur : il est entre autres le vainqueur de la Route du Rhum 1982, le recordman de l'Atlantique en solitaire la même année et le champion du monde des multicoques en 1986. Sa réussite, il la doit à son talent, mais aussi à un illustre chaperon qui n'est autre qu'Éric Tabarly ! Comme il l'a fait avec Alain Colas, le « patron » a pris Loizeau sous son aile. Il lui a proposé d'intégrer le bataillon de Joinville et d'effectuer son service militaire à bord de *Pen Duick VI*. Quatre ans durant, le grand Éric a transmis au petit Éric les rudiments de la course transocéanique. Et le jour où Loizeau a décidé de voler de ses propres ailes pour participer en 1977 à la deuxième édition de la Whitbread, Tabarly lui a conseillé de prendre son meilleur bateau... *Pen Duick III* !

Avec l'aval de son mentor et d'un sponsor en béton (la SEITA, le grand cigarettier français), Loizeau a aligné un équipage d'une jeunesse inédite ! Évidemment, cela a fait grincer des dents chez les organisateurs anglais... Et les péripéties que les Français ont rencontrées en début de course les ont sûrement confortés dans leur opinion : si *Gauloises II* (ex-*Pen Duick III*) a performé lors de la première étape jusqu'au Cap (troisième place), en revanche la deuxième étape fut catastrophique, avec une rupture du gouvernail... Mais, bateau réparé et Loizeau remonté comme un coucou : *Gauloises II* a remporté les deux autres étapes (Auckland-Rio et Rio-Portsmouth) !

26 ans séparent le cap Horn et l'Everest dans l'itinéraire de Loizeau migrateur. Mais tout dans sa vie relie ces deux pôles... La beauté et l'hostilité de la nature... Au sommet du monde comme sur les mers australes, Éric a compris une chose : s'il est facile d'y aller, c'est d'en revenir qui est le plus important...

1990

ROUTE DU RHUM

Florence Arthaud

Pointe-à-Pitre, 18 novembre 1990 : Florence Arthaud, radieuse, reçoit le trophée de la Route du Rhum.

LA PETITE FIANCÉE DE L'ATLANTIQUE

La première femme victorieuse d'une transat

Un choc terrible, puis des vagues d'émotions qui nous submergent tous, passionnés ou non de sport et d'aventures. Le 9 mars 2015, les médias annoncent l'accident qui vient de se produire en Argentine, dans la province de La Rioja, au cours du tournage d'une émission de télé-réalité de TF1 : *Dropped*. Deux hélicoptères se sont heurtés en vol, au décollage. Aucun survivant. Florence Arthaud était à bord.

Florence avait déjà failli perdre la vie deux fois auparavant. La plus récente : le 29 octobre 2011. Au large du cap Corse, seule sur son voilier, elle tombe à l'eau. La capitaine au long cours, pourtant expérimentée, ne devra la vie qu'à son téléphone étanche ! Elle passera 3 heures et 20 minutes dans l'eau, avant qu'un hélicoptère ne la repère, gelée mais sauve.

Sa vocation pour la voile s'est matérialisée suite à un premier accroc du destin... Un grave accident de voiture à 17 ans. Coma, six mois d'hôpital, deux ans de convalescence pour retrouver une vie « presque » normale. Avant même d'être remise sur pied, elle se lance à 18 ans dans sa première traversée de l'Atlantique, avec un ami. À 21 ans, elle est au départ de la toute première Route du Rhum...

Son attirance pour la mer ? C'est à son père, Jacques Arthaud, qu'elle la doit ! Le célèbre éditeur qui a publié Bernard Moitessier et Éric Tabarly est passionné de voile. Sa fille, naturellement, a attrapé le virus, jusqu'à se faire une place dans le monde très masculin des navigateurs...

On retient de Florence Arthaud un double chef-d'œuvre réalisé en 1990 : d'abord, le record de la traversée de l'Atlantique, qu'elle améliore de 2 jours, et puis, surtout, sa victoire dans la Route du Rhum, avec cette image de l'arrivée : Flo sur le ponton de son trimaran *Pierre 1er*, fusée à la main, épuisée et comblée. Cette année-là, la course a connu une hécatombe d'avaries et d'abandons. Même pour Florence, qui a dû gérer une panne complète de son générateur – black-out total, plus aucun appareil électronique, plus de pilote automatique (il fallait donc rester à la barre en permanence), ni aucune communication avec la terre ferme (y compris avec son routeur météo, qui était à l'époque Louis Bodin, l'actuel Monsieur Météo de TF1 – *voir p. 28*). Sans compter une hémorragie qui l'a mise à plat une bonne partie de la course – on apprendra par la suite que Florence a fait une fausse couche...

Comme l'écrit si bien Rémy Fière dans *L'Équipe* : « Elle était arrivée belle et rebelle... Et puis, par son courage, son audace et son talent, elle avait bluffé tout le monde, on répétait sur les pontons : "C'est avant tout un grand marin..." » Avec son *Pierre 1er*, Flo avait, d'une certaine façon, jeté une « pierre » dans la marre...

1990

ROUTE DU RHUM

Louis Bodin

Louis Bodin.

MONSIEUR MÉTÉO

La première vie du visage de la météo sur TF1 comme routeur de Florence Arthaud

Vous le connaissez parce qu'il fait la pluie et le beau temps de votre week-end sur TF1 depuis 2010, vous écoutez ses bulletins météo sur RTL depuis 2002... mais saviez-vous que, dans une première vie, Louis Bodin a été routeur météo de très grands navigateurs tricolores ? Nous l'avons contacté pour découvrir son histoire d'amour avec la voile...

Le petit Louis, né en 1957, est le fils d'un militaire de l'armée de l'air originaire de... Saint-Malo, cité maritime légendaire et départ de la Route du Rhum.

« Papa, nous raconte-t-il, était fan de voile. Il m'a naturellement transmis sa passion : ensemble, on allait pêcher à la voile dans le bassin d'Arcachon... Ensuite, j'ai goûté aux régates en 420 et en 470 et je me suis formé pour devenir moniteur de voile en 1979... C'était très clair dans mon esprit : je voulais faire de la voile mon métier !

« Je me suis vite rendu compte que, pour accéder aux plus beaux bateaux du moment (les trimarans comme ceux de Kersauson ou de Poupon), il me fallait des compétences supplémentaires. J'avais deux options : la météo ou l'architecture navale. J'ai choisi la météo et signé chez Météo France !

« En 1986, Philippe Poupon remporte la Route du Rhum avec 2 jours d'avance sur Bruno Peyron, une valise (!)... C'est entre autres grâce au premier couple marin-routeur composé par Poupon et Jean-Yves Bernot. Jusque-là, être un bon marin consistait à partir en mer et à savoir “traverser” les éléments, et puis on s'est demandé comment utiliser la météo plutôt que de la subir...

« Le premier navigateur à m'avoir donné ma chance est Paul Ayasse avec son bateau *Région Provence-Alpes-Côte d'Azur*. C'était en 1987. J'ai participé à la construction du bateau dans les anciens hangars de l'Aéropostale sur les bords de l'étang de Berre. C'était un des premiers *foilers*... On a chaviré lors de notre tentative de record de la Méditerranée et la Région ne nous a pas suivis pour financer un autre bateau... C'est là que Paul a rejoint l'équipe de Florence Arthaud pour son projet de record de l'Atlantique et lui a proposé mes services comme routeur météo...

« J'étais donc le routeur de Florence Arthaud lors de sa victoire sur la Route du Rhum. Et d'ailleurs, à cause d'une panne électrique sur *Pierre 1er*, j'ai perdu son contact peu après les Açores ! À l'époque, on communiquait sur standard C et via des vacations radio en basse fréquence. Et là, malgré le silence radio, Flo s'en est super bien sortie *(voir p. 27)* ! Par la suite, j'ai également travaillé avec Paul Vatine, Yves Parlier, Loïck Peyron ou encore Laurent Bourgnon... »

Isabelle Autissier sur PRB au large de La Trinité-sur-Mer.

1991

BOC CHALLENGE

Isabelle Autissier

La première femme à réaliser un tour du monde en solitaire et en compétition

Isabelle Autissier est une femme *worldwide* (« à l'échelle du monde »). D'abord parce que, de 2009 à 2021, elle a présidé la branche française du World Wide Fund for Nature (Fonds mondial pour la nature). Mais surtout parce que, dans l'histoire de la voile, monde résolument masculin, en finissant 7ᵉ du BOC Challenge 1990-1991, elle fut la première femme à réaliser un tour du monde en solitaire et en compétition. Avec Catherine Destivelle, qui gravit une paroi verticale dans le massif du Mont-Blanc (1 000 m d'à-pic en 11 jours), et Christine Janin, qui atteint l'Everest, en 1991, les aventurières françaises furent à l'honneur !

Isabelle, une fille des années 1950, une fille née à Paris mais attirée par le large dès son plus jeune âge. Route vers l'ouest : première étape à Rennes, pour des études d'agronomie et d'halieutique, puis direction La Rochelle et l'Ifremer, pour des recherches sur les pêcheries du golfe de Gascogne. Isabelle sera aussi prof à l'École maritime et aquacole. Seconde partie des années 1980, la Française commence les compétitions transatlantiques.

Sa septième place au BOC Challenge en 1991, à bord de l'ancien voilier de Jean-Luc Van Den Heede, la convainc de se consacrer entièrement à la voile. En 1993, elle conçoit un 60 pieds à quille basculante et termine 2ᵉ de la Course de l'Europe, en gagnant trois étapes sur six ! L'année suivante, elle se mue en capitaine d'équipage et pulvérise de 14 jours le record de la Route de l'Or, entre New York et San Francisco (par le cap Horn), en 62 jours, 5 heures et 55 minutes. Un record que Lionel Lemonchois, équipier de cette aventurière, portera quatorze ans plus tard à 43 jours et 38 minutes.

Après les exploits, les galères... En 1994, pour sa deuxième participation au BOC Challenge, Isabelle remporte brillamment la première étape avec 5 jours d'avance, mais elle démâte lors de la deuxième étape. Gréement de fortune et hélitreuillage par les Forces royales australiennes. Sacrée aventure... Sur le Vendée Globe 1996-1997, 2ᵉ à l'approche de l'océan Indien, elle perd ses deux safrans, mais finit tout de même l'épreuve en 105 jours ! Enfin, en 1999, c'est l'avarie de trop : sur la course Around Alone (ex-BOC Challenge), après une deuxième étape homérique, sur une mer démontée, Isabelle chavire alors qu'elle fonce à 25 nœuds ! Giovanni Soldini se déroutera pour venir la sauver.

La décision est prise, la Française se retire de la course au large en solitaire. Depuis, Isabelle, qui continue de naviguer, mène des explorations scientifiques et lutte politiquement et médiatiquement contre le réchauffement climatique.

WORLDWIDE

HISTOIRES DES COURSES

NACARAT
SUZUKI
E.LECLERC
mobile
CRÉATEUR DE PROJETS IMMOBILIERS
NACARAT
29
16
bel

1661

Charles II
et le duc d'York

UN DÉFI ROYAL À L'ORIGINE DU YACHTING

La Catherine de Charles II.

Quand la navigation à la voile est devenue un loisir et un sport

Yacht. Définition du Larousse : « Bâtiment de plaisance (à voile ou à moteur), de compétition, de cérémonie ou d'apparat. » Un nom commun hérité du néerlandais *jacht* (qui signifie « chasse »), car au XVIe siècle les Hollandais naviguaient sur de petits bateaux rapides capables de pourchasser les pirates...

Une question se pose : comment, alors que la navigation de l'époque était essentiellement pratiquée par les explorateurs, les conquérants et les commerçants, s'est-on dit un jour « tiens, et si on prenait un voilier juste pour faire la course et pour se promener... » ? Réponse : c'est le roi Charles II qui a ouvert la voie en 1661 !

Le milieu du XVIIe siècle est marqué par une période trouble en Angleterre : la première révolution d'Angleterre, la destitution et l'exécution du roi Charles Ier en 1649, Cromwell nommé lord-protecteur qui dérive vers la dictature... Dès le début des années 1640, les enfants du roi sont mis en sécurité en exil, principalement aux Pays-Bas, où Charles II – l'héritier – va découvrir les joies de la navigation « récréative sportive » : le yachting...

En 1660, deux ans après la mort de Cromwell, Charles II, alors âgé de 30 ans, revient en Angleterre, où la monarchie est restaurée. Les Pays-Bas, qui lui ont offert l'asile, célèbrent ce retour en grâce par un joli cadeau : des émissaires débarquent à Londres à bord du *Mary*, un yacht de 52 pieds (longueur de quille) et 100 tonnes. « Votre majesté, ce petit jouet à voiles est pour vous ! »

En vérité, le jeune roi a développé aux Pays-Bas une passion dévorante pour le yachting : il y consacrait même les deux tiers du budget que lui allouait le Parlement ! Alors, à peine sacré, celui qui fut surnommé le « joyeux monarque » a confié aux chantiers de Peter Pett à Deptford la mission de construire la *Catherine* : un navire de 49 pieds (longueur de quille) et 94 tonnes, qui, malgré son petit gabarit, embarquait huit canons et 30 personnes d'équipage !

Histoires de fratries : Jacques Stuart, le jeune frère du roi et duc d'York, est allé à Woolwich rencontrer Christopher Pett, de dix ans le cadet de Peter, pour lui demander de construire un navire similaire à celui de Charles II ! L'*Anna* était donnée pour 52 pieds et 100 tonnes.

Ainsi « armés », dès 1661, Charles II et le duc d'York ont commencé à naviguer ensemble sur la Tamise (oui, sur le fleuve) et le 1er octobre se sont lancé un défi qui consistait en une course aller-retour entre Greenwich et Gravesend ! La mise était de 100 livres et – sûrement par diplomatie – les témoins n'ont jamais raconté si le roi avait gagné ou perdu la course...

L'America de John Cox Stevens.

1851

COUPE DE L'AMERICA

John Cox Stevens

Trophée de la Coupe de l'America.

UNE HUMILIATION NATIONALE

L'histoire de la création de l'America's Cup

Nous sommes en 1850 dans une baraque en bois servant de siège social au tout jeune New York Yacht Club. John Cox Stevens, son commodore, qui l'a fondé en 1844, propose à ses membres de faire construire un bateau pour aller contester l'hégémonie maritime des Anglais. L'occasion également de promouvoir la construction navale américaine lors de la toute première Exposition universelle de l'histoire, organisée à Londres en 1851. William Brown, le capitaine à qui le projet est confié, est tellement sûr de la performance de son bateau qu'il s'engage à le rembourser s'il est battu !

L'*America*, une goélette de 31 m et 170 tonnes, est donc le premier voilier américain à traverser l'Atlantique pour se mesurer aux Anglais. Parti de New York le 12 juin 1851, il met 20 jours et 6 heures pour rallier Le Havre. Après quelques jours de cale sèche, l'équipage débarque à Cowes (île de Wight) le 30 juillet. Le lendemain, l'*America* croise le fer avec le *Laverock* dans les eaux du Solent : quelques bords, et une victoire cinglante qui va décourager les autres skippers de défier Stevens... Frustré de n'avoir d'autre défi à se mettre sous la dent, le commodore doit se replier sur la régate annuelle du Royal Yacht Squadron organisée le 22 août. L'*America* s'aligne aux côtés de quatorze navires anglais (six goélettes et huit cotres) pour accomplir le tour de l'île (53 milles) dans le sens des aiguilles d'une montre. Après un très mauvais départ, les Américains remontent leurs adversaires et finissent par gagner grâce à un choix tactique qui a, à l'époque, créé la controverse : à l'extrémité est de l'île, contrairement au reste des concurrents, l'*America* est passé entre le bateau-phare Nab et la côte...

Tradition oblige, la reine Victoria était venue assister à la course. La légende raconte que, à sa question « Qui est second ? », son entourage – sûrement vexé par ce revers sportif – lui répondit : « Il n'y a pas de second. » Six mois plus tard, dans son discours à la Chambre des communes, le colonel Peel déclara : « Nous avons grandi dans l'idée que "*Britannia rules the waves...*" Eh bien, je déclare que la victoire de l'*America* est une véritable humiliation nationale ! »

À défaut de remporter des défis lucratifs grâce aux prouesses de son bateau, Stevens rapportera de l'île de Wight une sorte de pichet rococo de 68 cm de haut ! C'est cette coupe qu'il va léguer au New York Yacht Club en fixant une seule condition : que le club la remette en jeu dans une compétition organisée sous forme de défis... La Coupe de l'America était née...

1960

TRANSAT ANGLAISE

Herbert Hasler

PREMIÈRE TRANSAT

Les cofondateurs de la Transat anglaise (de gauche à droite) Blondie Hasler, Francis Chichester et Jack Odling-Smee.

Un ancien colonel de la marine royale à l'origine de la première course transatlantique en solitaire

Très longtemps, les courses à la voile ont été organisées sur le principe de régates côtières ou de courses au large avec des distances relativement « modérées ». La Fastnet, par exemple, créée en 1925, consistait en un aller-retour entre Plymouth (au sud de l'Angleterre) et le phare du Fastnet, en Irlande *(voir p. 108)*. Vingt ans plus tard était organisée la première édition de la Sydney-Hobart. Mais traverser un océan était une autre paire de manches…

Alors imaginer une course d'un bout à l'autre de l'Atlantique nord… pure folie ? Pas forcément… En tout cas pas pour Herbert (dit « Blondie ») Hasler et sir Francis Chichester… Le premier est un Irlandais qui a remonté la Gironde en canoë-kayak à la tête d'un commando britannique pour faire sauter des navires allemands… Il fera partie des premiers skippers à utiliser un pilote automatique. Le second s'est fait remarquer par diverses prouesses en aviation avant de faire partie des pionniers de la course au large et des tours du monde *(voir p. 22)*…

Leur idée ? « Un homme, un bateau, l'Atlantique » ! Rien de plus simple que cela… *The Observer*, un journal britannique, mord à l'hameçon et accepte de parrainer l'épreuve. Raison pour laquelle cette transat anglaise est créée sous le nom de l'OSTAR (Observer Single-handed Transatlantic Race)…

Outre Hasler et Chichester, trois autres courageux sont au départ de la première édition le samedi 11 juin 1960 dans le port de Plymouth. Courageux, oui, parce que tous partent vers l'inconnu… Dans un périple très au nord dans le sens inverse du vent… Hasler a choisi un petit bateau de 8 m de long, doté d'une voile de jonque. Chichester a, quant à lui, le bateau le plus long (*Gipsy Moth III* mesure 12 m de long pour 13 tonnes de déplacement), mais tout est contre lui : cela fait moins de dix ans qu'il navigue, il a presque 59 ans et il souffre d'un cancer depuis deux ans…

C'est pourtant lui qui va arriver à New York le premier. Son chrono : 40 j 12 h 30 min, soit 8 jours de moins que Hasler, 2e. Le dernier, le Français Jean Lacombe, mettra deux mois et demi (74 jours)… Autre époque, autres moyens : aujourd'hui, les bateaux mettent à peine plus de 8 jours !

Première sur le créneau des courses au large et organisée tous les quatre ans, l'OSTAR va devenir un « monument » de la voile. Attirant le gratin des navigateurs, elle révélera et consacrera notamment Éric Tabarly (vainqueur en 1964 et 1976), Alain Colas (en 1972), Philippe Poupon (en 1988) et Loïck Peyron (en 1992, 1996 et 2008).

Robin Knox-Johnston à l'approche de Falmouth, le 22 avril 1969, au terme de son tour du monde.

Le vainqueur de la première course autour du monde en solitaire et sans escale

Londonien de naissance, Knox-Johnston part à 18 ans, en 1957, passer huit années dans la marine marchande comme officier de pont en Inde britannique. C'est en faisant ses classes dans la marine que Knox-Johnston se prend de passion pour la voile, si bien qu'il fait construire un ketch bermudien, tout en sapin du Cachemire, sur le modèle des canots de sauvetage norvégiens. *Suhaili* – c'est son nom – mesure 32 pieds.

Les exploits successifs de Francis Chichester *(voir p. 22)* développent son appétit d'aventures : Knox-Johnston a dans l'idée de réaliser lui-même un tour du monde en solitaire à la voile et propose à sa femme de retourner au Royaume-Uni à bord de *Suhaili*. Refus catégorique de Suzanne – qui ira même jusqu'au divorce en 1967 !

De retour en Angleterre, Knox-Johnston contacte le partenaire qui a soutenu Chichester dans ses défis : *The Sunday Times*. Mais le journal émet quelques réticences – cela ne serait pas bon de soutenir un marin qui subirait un échec – et fait une contreproposition. L'idée serait d'organiser une course autour du monde en solitaire dont voici les règles : chaque candidat à l'exploit pourra prendre le départ à sa convenance entre le 1er juin et le 31 octobre 1968 d'un port au nord du 40e parallèle ; le navigateur devra réaliser son tour du monde sans escale et sans assistance tout en passant les « trois caps » (Bonne-Espérance, Leeuwin et Horn). Au premier arrivé sera offert un globe en or (le Golden Globe), et au plus rapide la somme de 5 000 livres (92 000 livres d'aujourd'hui).

De nos jours, on a du mal à imaginer le défi que cette aventure représentait en termes de navigation, mais ces conquérants de l'impossible sont partis avec le même type de matériel que celui qu'utilisait l'explorateur James Cook au XVIIIe siècle *(voir p. 16)* ! C'est-à-dire : un sextant, un baromètre, une boussole et une girouette ! En cas d'avarie sévère, impossible de localiser le bateau et de secourir le skipper…

Des neuf concurrents de l'impossible, Knox-Johnston sera le seul à boucler le tour du monde : retour à bon port, à Falmouth, le 22 avril 1969, après 30 123 milles parcourus en 313 jours de mer… Touché par la disparition de Crowhurst *(voir p. 104)*, il donnera sa prime à la famille du défunt…

On connaît deux autres exploits d'ampleur à Knox-Johnston : un nouveau tour du monde, 25 ans plus tard, réalisé à vitesse grand V (74 j 22 h 17 min) avec Peter Blake à bord d'*Enza* pour battre de 4 jours le temps du premier détenteur du Trophée Jules-Verne (Bruno Peyron). Et plus fort encore : une troisième place à la Route du Rhum 2014 (en catégorie Rhum) à l'âge canonique de… 75 ans !

313 JOURS

1970

Solitaire du Figaro

Saint-Brieuc, 30 août 2020 : départ de la 51e édition de la Solitaire. Au premier plan, Erwan Le Draoulec (Macif).

LA COURSE LA PLUS DURE AU MONDE

Origine et ADN d'une course devenue incontournable au calendrier de la voile

« Peut-être » (avec des guillemets) moins médiatique que le Vendée Globe ou que la Route du Rhum, probablement moins spectaculaire que les régates de la Coupe de l'America ou le SailGP, voici une course qui, pourtant, attire chaque année parmi les plus grands navigateurs (car l'épingler à son palmarès est un must) : la Solitaire du Figaro…

Une « course en solitaire par étapes sur des bateaux identiques » imaginée en 1970 sur un coin de set de table et créée sous l'égide du journal *L'Aurore* par Jean-Michel Barrault (écrivain et journaliste de voile) et Jean-Louis Guillemard (premier directeur de la rédaction de *Voiles et Voiliers*). Ce n'est qu'en 1980 – pour sa onzième édition – qu'elle devient la « Solitaire du Figaro » suite au rachat du journal par *Le Figaro*. En revanche, il n'a pas fallu longtemps pour que l'épreuve devienne une « classique » des courses à la voile : Michel Malinovsky, Eugène Riguidel, Gilles Gahinet, Patrick Eliès – parmi les grandes pointures à l'époque – ont fait partie des premiers vainqueurs des années 1970…

Deux principes ont conféré à cette course son attractivité. Primo, c'est une course où les amateurs se mesurent aux professionnels chevronnés… Un peu comme l'Enduro du Touquet à moto ! Secundo, son caractère monotype crée une saine concurrence : la Solitaire se court en Half Tonner, des voiliers d'environ 10 m (fabriqués depuis 1990 par le Groupe Beneteau). La troisième génération de ce « monotype », lancée en 2019, est désormais équipée de foils !

Chaque année, les marins doivent avaler jusqu'à 2 000 milles en trois ou quatre étapes, dessinées entre le golfe de Gascogne et la mer d'Irlande. Résistance à la fatigue (les skippers ne dorment que 2 heures sur vingt-quatre par tranches de 5 à 10 minutes au cours d'étapes qui durent jusqu'à 4 jours), endurance physique, tactique : vaincre la Solitaire, c'est d'abord remporter une victoire sur soi-même !

La course, qui a fêté sa 50e édition en 2019, a notamment révélé une génération de « champions pressés », comme Cammas, Gabart, Lunven, Simon… Considérée comme la course la plus dure au monde, elle a certainement servi de marchepied à Auguin, Gautier, Desjoyeaux et Le Cléac'h, tous les quatre vainqueurs de la Solitaire avant de remporter le Vendée… Enfin, comme les multiples vainqueurs du Tour de France à vélo ou les ogres du Grand Chelem au tennis, rendons hommage aux six triples vainqueurs de la course : Philippe Poupon (1982, 1985, 1995), Jean Le Cam (1994, 1996, 1999), Michel Desjoyeaux (1992, 1998, 2007), Jérémie Beyou (2005, 2011, 2014), Yann Eliès (2012, 2013, 2015) et Armel Le Cléac'h (2003, 2010, 2020).

1973

WHITBREAD

Ramón Carlín

LA COURSE DU SIÈCLE

Sayula II à l'arrivée de la Whitbread 1973 au large de Southsea.

Le tour du monde par étapes et en équipage : une course imaginée par la Royal Navy !

En 1960, avec la création de l'OSTAR *(voir p. 34)*, on a organisé une course à la voile à travers l'océan Atlantique nord. Huit ans plus tard, le *Sunday Times* a parrainé le lancement de la première course autour du monde (le Golden Globe Challenge – *voir p. 35*). Deux épreuves de légende qui ont mis les navigateurs seuls face à l'immensité des eaux… Mais courir en équipe (et pas uniquement en régates côtières, comme ce fut longtemps le cas) ? L'idée a germé dans l'esprit de militaires ! Ceux de la marine britannique, pour être précis – qui souhaite alors aguerrir et entraîner quelques-uns de ses meilleurs éléments.

L'état-major confie donc à la Royal Naval Sailing Association la charge d'organiser un tour du monde à la voile par étapes et en équipe… La course est baptisée « Whitbread Round The World », du nom de son partenaire fondateur, le brasseur britannique créé en 1760 et converti à la production de masse. Elle est annoncée comme la « course du siècle » ! Le départ de la première édition est donné le 8 septembre 1973 à Portsmouth (l'une des bases navales les plus importantes de la Royal Navy). Les quatre étapes doivent mener la flotte au Cap, à Auckland et à Rio avant de revenir à bon port… Comme sur le Golden Globe, les bateaux vont doubler les trois caps mythiques (Bonne-Espérance, Leeuwin et Horn).

Ces années 1960 et 1970 étant celles des grandes premières en matière de course au large, les quinze équipages (cinq anglais, quatre français, trois italiens, deux polonais et un allemand) qui se présentent à Portsmouth ont le sentiment de partir à l'aventure… La juste taille du bateau, le bon gréement, les compétences de l'équipage… Tout le monde doute, tout reste à expérimenter…

Parmi les concurrents, Éric Tabarly a fait spécialement construire *Pen Duick VI*, un grand ketch de 22 m doté d'un lest d'uranium. Malgré son incontestable potentiel, le voilier démâtera deux fois… Les deux étapes du sud seront terribles et même tragiques : des conditions météo exécrables, avec des dépressions d'une très grande violence qui vont rouler les bateaux… et jeter à la mer trois hommes, tous trois disparus, Paul Waterhouse (équipier du *Tauranga*), Dominique Guillet (coskipper de *33-Export*) et Bernier Hosking (équipier de Chay Blyth sur *Great Britain II*)…

Confirmant la fable du lièvre et de la tortue, à la barre de *Sayula II* (un Swan 65 de série), le Mexicain Ramón Carlín se classe 2e de la première et de la troisième étape, remporte les deux autres et termine grand vainqueur de la « course du siècle »… Véritable régate autour du monde, dans les décennies qui vont suivre, la course va devenir une sorte de Coupe de l'America à l'échelle des océans…

L'ANTICHAMBRE DU HAUT NIVEAU

Histoire et petites histoires de la Mini Transat

À l'instar de ce qu'est le karting pour le sport automobile, la classe Mini fait figure d'antichambre du très haut niveau mondial. Et une course en particulier : la Mini Transat. Compétition imaginée par le Britannique Bob Salmon, journaliste-photographe free-lance qui a travaillé pour des journaux comme *The Observer* et *The Sunday Times*. L'événement déclencheur de son projet : son abandon au cours de la Transat anglaise 1976 alors qu'il n'était plus qu'à 1 000 milles des côtes américaines. Salmon avait démâté, faute d'avoir eu suffisamment d'argent pour préparer correctement son bateau…

Sa frustration était doublée d'un constat plutôt objectif sur l'évolution du milieu de la voile : depuis quelques années, la quête d'argent était devenue plus importante que les courses elles-mêmes… La « financiarisation » de la voile doublée d'une dérive vers le gigantisme (la preuve avec le *Club Méditerranée* barré par Alain Colas sur cette Transat – *voir p. 60*) a développé chez Salmon l'envie d'un retour aux fondamentaux…

Son idéal : retrouver l'esprit originel des courses transatlantiques telles qu'elles avaient été vécues par Tabarly et Chichester. Pas de routage météo par satellite, une navigation au sextant, pas de contact avec la terre, aucune assistance possible… Et surtout évoquons la taille des navires : Salmon entendait prouver qu'on pouvait traverser l'Atlantique avec des embarcations minuscules de 6,50 m (ce qui donnera lieu à la création de la « classe Mini ») !

La nouvelle course sera organisée tous les deux ans. Les quatre premières éditions se déroulent entre de trois semaines à Tenerife. C'est à partir de la cinquième édition, en 1985, Bob Salmon passant la main, que le départ est organisé depuis la France.

Revenir aux fondamentaux de la course transatlantique ne signifie pas être réfractaire aux innovations ; d'ailleurs, c'est sur la Mini Transat que seront testées nombre d'innovations que l'on retrouvera par la suite sur les IMOCA et les grands trimarans : les ballasts en 1979 ; le mât en carbone utilisé par Yves Parlier en 1985 ; le mât-aile, la quille basculante, le bout-dehors amovible et pivotant introduits par Michel Desjoyeaux en 1991 ; l'étrave ronde en 2011 ; les foils en 2015 (ils furent autorisés dès 2014) et enfin l'aile semi-rigide en 2017…

On vous le disait en introduction : la Mini Transat est presque une étape imposée à ceux qui envisagent de faire carrière dans la course au large… La plupart des grands navigateurs français y sont passés et certains l'ont épinglée à leur palmarès : Yves Parlier en 1985, Thierry Dubois en 1993 ou Yvan Bourgnon en 1995… Voici un chiffre qui achèvera de confirmer notre propos : sur le Vendée Globe 2020, la classe IMOCA revendiquait 18 anciens « ministes ». Parmi ceux-là, le vainqueur, Yannick Bestaven, qui avait remporté la Mini Transat 2001.

Maintenant que vous avez conscience de la réputation de cette compétition, prenons quelques minutes pour évoquer certaines histoires insolites qui ont participé à la construction de la légende de la Mini Transat…

Première anecdote, plutôt cocasse, sur la sixième

Las Palmas (îles Canaries), 2 novembre 2019 : près de 80 6.50 au départ de la deuxième étape de la Mini Transat.

Autissier est en tête à l'approche de Tenerife, mais elle ne se souvient plus vers quel port elle doit se diriger et n'arrive pas à mettre la main sur les instructions de course ! Elle se présente dans un premier port, aucun membre de l'organisation n'est là pour l'accueillir. Elle en essaie un second à proximité, personne non plus… Retour donc vers le premier port, mais entre-temps un autre bateau, barré en duo celui-ci, a franchi la ligne le premier ! Autissier, qui était inconnue du grand public jusque-là, a terminé 3e à Fort-de-France…

Deuxième histoire insolite : celle de Bertrand Lecharpentier sur la quatorzième édition, en 2003. Peu après le départ de la deuxième étape donné à Lanzarote, il se rend compte, au moment de prendre son premier repas, que sa caisse de nourriture lyophilisée n'est pas à bord ! Les denrées périssables (fruits et pain) qu'il a embarquées ne suffiront pas : en principe, il faut une vingtaine de jours aux 6.50 pour rallier Salvador de Bahia (Brésil)… Le skipper tête en l'air partage sa mésaventure sur la radio VHF comme une bouteille lancée à la mer et la magie de la solidarité en mer opère : Pia L'Obry et Gonzalo Botin, deux autres concurrents, lui donnent le nombre de repas nécessaire pour finir la course !

Parmi les belles histoires, on a été émus par la persévérance de Denis Hugues. Paraplégique suite à un accident de scooter à l'âge de 20 ans, il est parvenu à finir la Mini Transat en solitaire au terme de sa troisième participation (en 1991) ! Lors de sa première tentative (en double), en 1987, son bateau avait démâté au troisième jour de la deuxième étape ; les skippers avaient été secourus par un cargo. Et en 1989, il avait dû renoncer à prendre le départ à cause d'une septicémie foudroyante… Il prendra la direction de la course à partir de 1993.

Parlons encore de l'histoire vécue par Philippe Péan en 1981, celle d'un sauvetage réussi grâce à une séance d'habillage ratée. La flotte est décimée par l'ouragan Irène ; Péan a démâté et doit quitter son bateau, qui subit une importante voie d'eau… C'est seulement au bout de 24 heures passées dans son radeau qu'un cargo va croiser sa route, mais… sans le remarquer ! Au début en tout cas, car Péan doit son sauvetage à la maladresse d'un marin en train de s'habiller dans sa cabine : déséquilibré au moment de mettre son pantalon, celui-ci tombe contre son hublot et aperçoit un petit objet fluorescent à la surface de l'océan : le radeau de Péan… Le cargo fera demi-tour…

On pourrait aussi vous raconter la bagarre au couteau qui a éclaté entre deux coéquipiers lorsque, en 1985, la course était ouverte aux équipages en double, mais l'histoire a été étouffée par l'organisation !

Notre dernière anecdote se portera sur « Bilou » ! Roland Jourdain (pour les non-initiés) : 3e du Vendée Globe 2000 et vainqueur de la Route du Rhum en 2006 et 2010. Figurez-vous que lors de la quatrième édition, en 1983, Bilou a fini au gnouf (en garde à vue) ! Après 5 jours de course, le Français est en tête au large de l'Espagne quand les choses se corsent : une mer forte, des rafales jusqu'à 40 nœuds… Dans son bateau, Jourdain prend l'eau (ne voyez pas là de jeu de mots)… Il y a près de 60 cm au fond de la cale ! 24 heures de pompage n'y feront rien : Bilou doit se résigner à quitter le bord… Il est secouru par un cargo et déposé à Gijón (Espagne), où, à son grand désarroi, il finit au commissariat ! Les autorités maritimes ont confondu son bateau avec un navire recherché pour trafic de drogue (tous deux avaient la même immatriculation)…

Arrivée de la Route du Rhum 1978 : *Olympus Photo* double *Kriter V* à pleine vitesse.

1978

ROUTE DU RHUM

Mike Birch
vs Michel Malinovsky

98 SECONDES, UN SOUFFLE DE PAPILLON

L'incroyable dénouement de la première Route du Rhum

Saviez-vous que la Route du Rhum, l'une des courses à la voile les plus prestigieuses au monde, est née d'une heureuse convergence d'intérêts entre trois acteurs clés ?

Le premier : Bernard Haas, le secrétaire général du Syndicat des producteurs de sucre du rhum des Antilles, qui cherche, début 1975, à relancer la filière du rhum. Le deuxième : Florent de Kersauson, le frère cadet d'Olivier, qui suggère au premier d'organiser une course à la voile vers les Antilles à l'automne. Le troisième : Michel Etevenon, ex-collaborateur de Bruno Coquatrix à l'Olympia, puis publicitaire, qui a notamment géré le budget de la marque Kriter, sponsor d'Olivier de Kersauson.

Résistant plus d'un an au lobbying de Florent de Kersauson, c'est une annonce particulière qui va faire changer d'avis Michel Etevenon : fin 1976, les organisateurs de la Transat anglaise – la course phare de l'époque –, en réaction au gigantisme de *Club Méditerranée*, le voilier de 72 m construit par Alain Colas, avec lequel il a fini 2e en 1976 (voir p. 60), préviennent qu'ils imposeront une limite à 56 pieds pour l'édition 1980. Réponse du publicitaire français dans le journal *L'Équipe* : « Je vais m'employer à tenter de mettre sur pied l'organisation, pour novembre 1978, d'une course transatlantique réservée aux bateaux, par exemple, à partir de 18,50 m et où seul le moteur sera interdit. »

Deux ans plus tard, le dimanche 5 novembre 1978, 39 concurrents se présentent au départ de la première édition de la Route du Rhum. Mis à part Tabarly, dont le prochain bateau est en construction, la fine fleur de la voile française est là : des légendes vivantes (Alain Colas, Eugène Riguidel, Olivier de Kersauson) aux étoiles montantes (Marc Pajot, Philippe Poupon, Bruno Peyron)... Deux femmes ont osé se mêler à la meute des loups de mer : Aline Marchand et Florence Arthaud, qui fête ses 21 ans sur le ponton. Etevenon peut être fier, il a réussi à réunir une large palette de navires : côté monocoques, des 39 m de *Lili-Aggie* mené par Yvon Fauconnier aux 9 petits mètres de *Tanikely* barré par Yves Gautier ; et du côté des trimarans, du *Kriter IV* de Kersauson au tout petit *Olympus Photo* de Mike Birch (11,48 m), que les suiveurs comparent à une libellule...

Le parcours mènera la flotte à Pointe-à-Pitre, au cœur de l'« île papillon ». Quelques passages imposés : au départ, après 16 milles, les concurrents doivent impérativement franchir la porte de Fréhel (entre le cap et la bouée du même nom) pour permettre à un large public d'admirer les loups en furie. À l'arrivée, les *finishers* devront contourner la Guadeloupe par le nord en passant au large de l'îlot de la Tête à l'Anglais (son nom évoque sa ressemblance avec le casque des soldats britanniques). En ce qui concerne le parcours, la succession des éditions l'a confirmé : malgré une mer plus difficile, les monocoques choisissent en général l'orthodromie (la route la plus courte : 3 543 milles, soit 6 562 km) en « tangentant » le nord des Açores, tandis que les multi élargissent leur route au sud vers Madère et les Canaries pour y trouver les alizés...

Comme souvent en course au large, cette première édition va procéder par élimination... Pajot, Fauconnier, Peyron abandonnent... Riguidel s'échoue sur un récif avant l'arrivée... Les derniers survols par les Breguet de la marine nationale donnent Alain Colas en tête, mais on ne le verra jamais arriver (voir p. 106)... Après une sévère dépression tropicale à l'ouest des Açores, c'est le tout nouveau *Kriter V* de Michel Malinovsky, avec sa magnifique coque bleu marine de 21 m, qui pointe en tête à l'approche de la Guadeloupe. La victoire lui est promise ! Mais c'était oublier la petite libellule du Canadien Mike Birch... revenue bord à bord avec le mono du Français ! À bout de forces, à bout de nerfs... les deux hommes vont affronter, 9 heures durant, une succession de « grains » orageux qui vont les obliger à de nombreuses manœuvres sur les voiles... Neuf heures en mode « régate », et puis, d'un battement d'ailes, le petit *Olympus Photo* a fini par s'envoler... Ce tour de l'« île papillon » a offert un final absolument incroyable et un écart infime, à l'image du duel Fignon-Lemond onze ans plus tard sur le Tour de France : 98 secondes, juste un souffle sur 23 jours et 7 heures de course ! À titre de comparaison, ce serait 9 cm sur un 100 m !

39
28
OLYMPUS
39

Philippe Jeantot

VOCATION VENDÉE GLOBE

Gloire et déboires du fondateur de la plus grande course en solitaire au monde

C'est l'histoire d'un talentueux navigateur qui est subitement passé de l'anonymat à la couverture du *New York Times*, qui a inventé la course que l'on surnomme « l'Everest des mers », avant de tomber dans l'abîme des affaires judiciaires... C'est l'histoire de Philippe Jeantot...

Son origine – d'ultramarin (terme qui qualifie les habitants d'outre-mer) – avait peut-être tracé, dès sa naissance (le 8 mai 1952 à Tananarive), le destin du jeune Philippe... Il sera « ultra-marin »... Ultra dans ses ambitions : il rêve de faire le tour du monde à la voile. Ultra dans la profondeur : passionné de chasse sous-marine, à 23 ans, il s'engage comme scaphandrier au sein de la Comex. La prestigieuse société de travaux sous-marins extrêmes paie ses plongeurs au prorata des risques insensés pris, et, justement, Jeantot participe en 1977 à la plongée Janus IV, au cours de laquelle il va atteindre la profondeur record de 501 m !

« À 29 ans, dit-il, j'aurais pu ne plus jamais travailler ! » Le trentenaire investit ses gains dans l'immobilier, en Andorre, puis part voyager autour du monde en voilier, périple qu'il va précipitamment écourter après avoir appris que Robin Knox-Johnston (vainqueur de la première course autour du monde en solitaire – *voir p. 35*), soutenu par la British Oxygen Company, allait organiser en 1982 la toute première course autour du monde en solitaire et par étapes : le BOC Challenge. Inconnu mais audacieux, Jeantot convainc le Crédit agricole de Vendée de le soutenir dans son projet de participation. Il est le seul des dix-sept concurrents à faire construire un bateau spécialement adapté aux rudes conditions des mers australes... Bien lui en a pris : le Français a remporté les quatre étapes et le classement général en 159 jours !

Après Tabarly en 1964 (*voir p. 80*), la France se découvre un nouveau héros de la voile ! Le monde entier écarquille les yeux sur cet illustre inconnu qui fait la une du *New York Times* le 10 mai 1983 ! Des profondeurs des océans, Jeantot s'est soudainement retrouvé catapulté au firmament des étoiles... Il surfe sur la vague du succès, remporte la Course de l'Europe 1985 et gagne une seconde fois le BOC Challenge en 1987 (battant de 24 jours son temps de la première édition).

C'est sur le théâtre de cette deuxième participation que va naître le projet du Vendée Globe... Dans un bar de Sydney, les concurrents du BOC Challenge tentent de noyer leur ennui au cours de l'escale entre deux étapes... Ils rongent leur frein... Inspirés par le Golden Globe Challenge organisé 20 ans plus tôt (*voir p. 35*), ils lancent l'idée d'une course autour du monde en solitaire, mais cette fois sans escale et sans assistance... Le projet fait son chemin dans l'esprit de quelques skippers qui en parlent régulièrement : Jean-Yves Terlain, Titouan Lamazou, Jean-François Coste, Bertie Reed, Guy Bernardin, Yvon Fauconnier et bien sûr Philippe Jeantot. Comme en course, Jeantot ne va pas traîner. On peut même dire qu'il va prendre tout le monde de court : grâce à ses attaches et à ses soutiens, il fait jouer la « carte vendéenne » et annonce le projet le 12 décembre 1987 au Salon nautique de Paris. La première édition sera lancée le dimanche 26 novembre 1989... Top départ pour l'histoire...

Organisée tous les quatre ans, la course sera – par sa dramaturgie – une formidable fabrique à légendes... La tension de la compétition, les retournements de situation, les exploits, les records, les naufrages, les sauvetages, les disparitions : tous les ingrédients des scénarios les plus incroyables...

Première illustration dès cette première édition, qui a convaincu treize pionniers de partir dans l'inconnu le plus total (ils seront sept à l'arrivée)... Leur bateau est-il assez solide pour les 40es rugissants et les 50es hurlants ? Combien de temps vont-ils mettre ? On ne parle pas encore de tactique, de rythme ou de routage... On part à l'aventure ! Outre la victoire de Titouan Lamazou en 109 jours, 8 heures, 47 minutes et 55 secondes, l'un des faits marquants de ce premier Vendée Globe reste le sauvetage de Philippe Poupon assuré et filmé par Loïck Peyron (*voir p. 110*) !

Jeantot, lui-même participant à ce défi qu'il a imaginé, finit le Vendée Globe 1989 à une « décevante » quatrième place, 4 jours et demi après Lamazou. Dans la foulée, il échoue dans la quête d'un troisième sacre consécutif au BOC Challenge en 1990 (en se classant 3e du général)... Léger déclin ? Peu importe, Jeantot considère qu'il a plus important à faire et se retire de la course au large pour se consacrer entièrement à l'organisation du Vendée Globe et à son chantier naval établi aux Sables-d'Olonne. À raison : « sa » course va connaître un succès sportif, médiatique et populaire grandissant... Jusqu'à ce que le destin se retourne contre le héros du BOC Challenge...

Philippe Jeantot à bord de son monocoque Crédit agricole IV *(août 1989).*

Mauvaise gestion ? Abus de biens sociaux ? Fraude fiscale ? Jeantot est « rattrapé » par la patrouille… Le début des années 2000 sonne le glas de la belle histoire : une première condamnation en 2003 pour fraude fiscale, de nouvelles poursuites à partir de 2005 pour avoir détourné une partie des revenus de la société organisatrice du Vendée Globe à son profit personnel. Jeantot est condamné en 2007 à trois ans de prison avec sursis et à 100 000 euros d'amende… Après la gloire, les déboires… Ruiné, mais aussi brisé par un coup de la vie : il est victime, le 25 juillet 2004, d'un terrible accident de parapente aux séquelles importantes…

Le plongeur de l'extrême est retombé dans les « profondeurs » – bien plus noires (au sens figuré) – et va tout perdre… Ses biens sont saisis, le Vendée Globe est racheté par une émanation du conseil général de Vendée, ses droits civiques lui sont confisqués pendant cinq ans… On le prive même des distinctions que lui avaient valu ses exploits du BOC Challenge : le titre de chevalier de l'ordre national du Mérite (obtenu en 1978) et celui de chevalier de la Légion d'honneur (obtenu en 1986) lui sont retirés par un décret paru au Journal officiel en 2010 !

Face à cet amoncellement d'ennuis judiciaires, le père fondateur de la plus belle et plus grande course au monde a choisi de se retirer dans l'archipel de Koh Samui, en Thaïlande…

1993

Trophée Jules-Verne

DU ROMAN À LA RÉALITÉ

Robin Knox-Johnston, Peter Blake, Florence Arthaud et Titouan Lamazou au Yacht Club de France lors du lancement du Trophée Jules-Verne.

Bruno Peyron accomplit la destinée de Phileas Fogg

Le tour du monde en moins de 80 jours ? Jules Verne l'a imaginé et écrit en 1872, Bruno Peyron l'a fait 121 ans plus tard !

Dans son roman légendaire *Le Tour du monde en 80 jours*, Jules Verne raconte l'aventure de Phileas Fogg, un gentleman anglais qui parie 20 000 livres (la moitié de sa fortune), avec les membres de son club privé, qu'il peut réussir le tour du monde en 80 jours ! En train, en paquebot, à dos d'éléphant, en traîneau à voile... Accompagné par Jean Passepartout, son fidèle domestique français, Fogg emprunte tous les moyens de transport disponibles et parvient in extremis à gagner son pari !

Le premier à croire que cette œuvre littéraire n'a rien d'une utopie est Yves Le Cornec : en 1984, alors qu'il fait équipe avec Eugène Riguidel sur la Transat Québec - Saint-Malo, le skipper fait un calcul simple... Pour parcourir l'équivalent de la circonférence de la Terre à l'équateur (40 000 km, soit 21 600 milles) en 80 jours, il suffirait de naviguer à 13 nœuds de moyenne...

Le projet d'un défi va véritablement prendre corps à partir de 1990, quand les plus grands navigateurs du moment se réunissent sur l'île de la Jatte à Neuilly : le vainqueur de la première édition du Vendée Globe (Titouan Lamazou), la première (et seule) femme gagnante de la Route du Rhum (Florence Arthaud) et deux légendes des tours du monde (sir Peter Blake et sir Robin Knox-Johnston) décident de se pencher sur le dossier ! Le Trophée Jules-Verne est officiellement lancé en octobre 1992 par l'association Tour du monde en 80 jours.

Au départ début janvier 1993 : un trimaran, *Charal* (barré par Olivier de Kersauson), ainsi que deux catamarans, *Enza* (coskippé par Peter Blake et Robin Knox-Johnston) et *Commodore Explorer* (dirigé par Bruno Peyron).

Charal et *Enza*, victimes de collisions, l'un contre un *growler* (morceau d'iceberg), l'autre contre un OFNI (objet flottant non identifié), ne boucleront pas leur tour du monde... Pour *Commodore Explorer*, l'aventure est ultra-éprouvante, autant pour l'équipage que pour le bateau... Le vaisseau choisi par Peyron, entièrement en carbone, n'est autre que le détenteur du record de l'Atlantique. Si les deux tiers du parcours sont réalisés à 16 nœuds de moyenne, soit à 60 % des capacités du bateau, les choses se sont corsées au passage du cap Horn avec des rafales à 80 nœuds et des murs d'eau à franchir ! Mais sachant faire le dos rond quand il l'a fallu, Bruno Peyron est devenu le premier navigateur de l'histoire à accomplir un tour du monde en moins de 80 jours ! Le chrono de référence : 79 j 06 h 15 min 56 s pour 27 372 milles. *Voir aussi p. 85.*

2018
GOLDEN GLOBE RACE

Jean-Luc Van Den Heede

Jean-Luc Van Den Heede à la barre de Matmut dans les derniers milles de la Golden Globe Race 2018.

Le plus vieux des skippers vainqueur en 2018 d'une course en solitaire autour du monde dans les conditions de 1968

À L'ANCIENNE

Voici l'histoire croisée du revival d'une course de légende et de son vainqueur, Jean-Luc Van Den Heede. « VDH » (son surnom dans le petit monde de la voile) naît en 1945 à Amiens. Dans sa « première vie », il s'installe à Lorient et enseigne les mathématiques ; dans sa seconde, en 1989, à 44 ans, il se dédie corps et âme à la voile… certainement encouragé par de premiers résultats prometteurs sur la Mini Transat (4ᵉ en 1977, 2ᵉ en 1979) et le BOC Challenge (2ᵉ en 1986).

VDH continue sa progression dans les années 1990 : 2ᵉ du Vendée Globe 1992-1993, 4ᵉ de la Transat Jacques-Vabre 93, un nouveau podium (3ᵉ) sur le BOC Challenge en 1995, le titre de champion du monde IMOCA en 1996 et une deuxième place sur la Route du Rhum en 1998… Faites le calcul, VDH a passé les 50 ans ! Au fil des ans, le skipper français va démontrer une longévité inédite au plus haut niveau… La preuve : en 2004, la soixantaine arrivant, il imite Joshua Slocum *(voir p. 17)* et Chay Blyth *(voir p. 23)* et accomplit (dans le temps record de 122 jours) un tour du monde contre les vents et courants dominants. Cet exploit lui vaut d'être nommé, la même année, chevalier de la Légion d'honneur.

Plus fort encore, quatorze ans plus tard, le 29 janvier 2019, VDH remporte la Golden Globe Race. Faites de nouveau le calcul : il est alors âge de 73 ans. Tout aussi incroyable que l'âge canonique du Français, le principe de la course nous replonge 50 ans dans le passé : Don McIntyre, son fondateur, ambitionnait d'organiser une compétition destinée à valoriser uniquement les compétences des marins plutôt que les technologies et leurs équipes… Il a donc imaginé un règlement qui imposerait de courir comme à l'époque de la première course en solitaire autour du monde, le Golden Globe Challenge, remporté (en 313 jours) par sir Robin Knox-Johnston en 1969 *(voir p. 35)*.

À l'ère du tout carbone, des foils, de l'électronique embarquée et des kilomètres de fibre optique tissés dans la coque, la première édition de la GGR s'est courue avec une vingtaine de petits voiliers traditionnels et robustes d'environ 11 m de long, conçus avant 1988 et similaires à celui de Knox-Johnston en 1968-1969 (c'est-à-dire dotés d'une quille longue avec gouvernail). Pour naviguer : un sextant, des cartes en papier et un chronomètre à remontoir… Évidemment, pas de GPS, pas de pilote auto, zéro prévision météo… Seule entorse à ce retour à l'âge de pierre de la voile : les équipements de sécurité, obligatoirement aux normes en vigueur… Premier des cinq *finishers* (sur dix-huit engagés), VDH a remporté cette course « vintage » en 211 jours, 23 heures et 12 minutes.

ÉVOLUTIONS TECHNOLOGIQUES

1795

Nicolas Appert

Fabrique à conserves.

Nicolas Appert.

L'INVENTEUR DES CONSERVES

Un confiseur invente le procédé qui permettra aux marins de conserver leurs aliments en mer

De tout temps, l'alimentation a été un sujet épineux pour les marins… Des siècles durant, les équipages ont été décimés par un mal qui les rongeait… C'est seulement à la fin des années 1760 que James Cook *(voir p. 16)* a découvert le moyen de lutter contre le scorbut grâce à un apport massif de vitamine C fourni par de grandes quantités d'agrumes !

Dilemme crucial pour les navigateurs au long cours, et en particulier pour ceux qui partent pour un tour du monde sans escale comme le Vendée Globe : parvenir à embarquer une quantité suffisante mais non excessive de denrées, c'est-à-dire réaliser une juste estimation entre « assez » de calories et « pas trop » de lest pour le bateau… Chiffre stupéfiant à ce propos : Armel Le Cléac'h, 2e du Vendée 2008 en 89 jours (5 jours de plus que Desjoyeaux), n'ayant plus grand-chose à manger dans les derniers jours, avait passé la ligne amaigri de… 8 kg ! Sur le Vendée Globe, certains concurrents préfèrent prévoir large (jusqu'à 120 jours de nourriture pour Sébastien Destremau, qui raconte être tombé à court de réserves au bout de 115 jours lors du Vendée 2016) quand d'autres calculent au plus juste (67 jours pour Alex Thomson sur le Vendée 2020).

Sur une course comme le Vendée Globe, chaque marin a son nutritionniste, avec lequel il concocte des rations variées et adaptées à ses besoins et à ses goûts… N'ayant pas le temps de cuisiner, les skippers embarquent des plats préparés dont le conditionnement permet de les conserver sur une longue durée. Certains sont mis sous vide, d'autres sont lyophilisés (grâce à un procédé dont l'invention remonte à 1906 par le Français Arsène d'Arsonval) – une fois en mer, le skipper n'a plus qu'à les réhydrater avec de l'eau de mer filtrée par son désalinisateur et chauffée dans une bouilloire…

Tout cela n'aurait pas été possible sans que, un jour de 1795, un confiseur d'origine champenoise ne mette au point une méthode « révolutionnaire » pour conserver les aliments… Jusqu'alors, on ne pouvait garder des aliments que s'ils étaient maintenus au frais, fumés ou salés… L'invention de Nicolas Appert consistait à neutraliser les bactéries par la chaleur puis à mettre sous vide les aliments, lesquels étaient stockés dans des récipients en verre tels que des bouteilles à large col… D'un seul coup, on avait inventé la stérilisation et la conserve… Napoléon Ier fit grand usage de cette découverte pour nourrir ses armées. Quant à Nicolas Appert, choisissant de partager sa méthode avec l'humanité contre une récompense de 12 000 francs offerte par l'Empereur, il eut la naïveté de ne pas déposer de brevet…

Carte de la presqu'île de Quélern (réalisée en 1817).

1844

Charles-François Beautemps-Beaupré

Charles-François Beautemps-Beaupré.

ATLAS DES MERS

Le père de l'hydrographie moderne

GPS + cartes météo + routeurs météo professionnels + éventuellement intelligence artificielle… La navigation de compétition actuelle n'a plus rien à voir avec des pratiques que l'on pourrait qualifier d'ancestrales…

Si la France est aujourd'hui une référence mondiale en matière de conception des cartes marines, on le doit entre autres à un grand homme de notre histoire : Jean-Baptiste Colbert. En 1661, Colbert prend pour modèle l'école d'hydrographie de Dieppe afin d'en développer d'autres dans le royaume. Devenu ministre de la Marine de Louis XIV, il lance en 1670 les premières missions de relevés sur les côtes de France, d'Espagne et d'Italie. Il meurt en 1683, mais le mouvement qu'il a initié va aboutir, dix ans plus tard, à la publication du *Neptune françois*. Selon le préambule dudit document, cet « atlas nouveau des cartes marines a mobilisé l'Académie des sciences, les mathématiciens, astronomes, géographes et hydrographes, durant plus de 30 ans de travail ».

À l'époque, on pratique principalement une « hydrographie de cabinet » : en effet, une grande ordonnance de la marine promulguée en 1681 par Colbert stipulait que chaque capitaine devait remettre ses papiers de bord à l'amirauté du port. On compile, on compulse… En 1764, Jacques-Nicolas Bellin publie son *Petit Atlas maritime* sans nécessairement être allé faire des relevés sur le terrain…

Le XVIIIe siècle est celui des Lumières et des grands voyages, comme le tour du monde. La France veut en être : La Pérouse est missionné en 1785 par Louis XVI pour approfondir les découvertes de James Cook dans le Pacifique (voir p. 16). Ne recevant aucun signe de vie trois ans après son départ, on envoie le vice-amiral d'Entrecasteaux à sa recherche en 1791. À ses côtés, un personnage-clé va révolutionner les méthodes de relevés et de conception des cartes marines : Charles-François Beautemps-Beaupré. Ayant rapidement fait ses preuves, celui-ci est nommé en 1814 ingénieur hydrographe en chef et réalise, pendant près de 20 ans, une cartographie exhaustive et précise des côtes de France : 150 cartes et plans, 279 vues et 184 tableaux des hautes et basses marées rassemblés en 1844 dans *Le Pilote français*.

Sa méthode est fondée sur l'habile utilisation du « cercle de réflexion » mis au point en 1776 par Jean-Charles de Borda, la mesure de profondeur à la sonde et un relevé topographique des côtes et des principaux points d'intérêt. Outre la prouesse technique, on loue une véritable efficacité opérationnelle avec des dessins réalistes réalisés en temps réel : les cartes étaient matérialisées le soir même des relevés !

1864

Nathanaël Greene Herreshoff

LE SORCIER DE BRISTOL

Nathanaël Herreshoff montant à bord de Defender lors de la Coupe de l'America 1895.

Les tours de magie du plus grand architecte naval de l'histoire du yachting

Dans ce livre dédié aux histoires qui ont fait la légende de la voile, impossible de passer à côté de celui qui a peut-être été le plus grand architecte naval de l'histoire : Nathanaël Greene Herreshoff, né le 18 mars 1848 à Bristol, dans le Rhode Island, aux États-Unis, et mort tout juste avant la Seconde Guerre mondiale…

Sa vocation ? Elle naît sur le premier chantier que son frère, John Brown, lance à 18 ans. Aveugle, ce dernier demande au petit Nathanaël, tout juste âgé de 8 ans, de découper pour lui des coques de bateaux… Anecdote témoignant de la précocité du cadet : *Haidee* (un sloop de 25 pieds), le premier voilier que Nathanaël construit de ses propres mains (en 1864, à seulement 16 ans), est racheté par Edward Burgess en personne ! Lui-même architecte naval, Burgess n'est autre que le concepteur des *defenders* américains qui vont remporter trois éditions successives de l'America's Cup : *Puritan* (1885), *Mayflower* (1886) et *Volunteer* (1887).

Par la suite, le « petit bricoleur » se dote de solides connaissances théoriques au prestigieux Massachusetts Institute of Technology et à Harvard… Il débute dans la vie active comme dessinateur à la Corliss Steam Engine Company (société spécialisée dans la fabrication de moteurs à vapeur). La passion pour la construction navale ne l'ayant jamais abandonné, il quitte Corliss en 1878 pour fonder avec son frère la Herreshoff Manufacturing Company.

Les deux dernières années passées chez Corliss ont sûrement été charnières dans le destin de l'ingénieur désormais âgé de 30 ans : en l'espace de 18 mois, en marge de son emploi, il a inventé le catamaran de course, le premier « vrai » voilier de compétition, le quillard moderne avec un lest en forme de bulbe, et enfin le dériveur léger. Quatre créations qui vont tout rafler sur l'eau – et changer pour toujours le visage du yachting…

À nouveau réunis, les frères Herreshoff sortent de leurs chantiers la bagatelle de 170 bateaux à vapeur et deviennent les premiers fabricants de torpilleurs à vapeur pour l'US Navy… Jusqu'à ce que l'irréparable ne survienne en 1891 : alors qu'ils poussent leur belle mécanique à plein régime, l'explosion d'une cheminée tue un membre d'équipage. Après ça, Nathanaël choisit de se focaliser à 100 % sur la voile…

Un mal pour un bien, pourrions-nous dire, car, forcé à se réinventer, Nathanaël va donner la pleine mesure de son talent en concevant les cinq *defenders* qui vont gagner six fois l'America's Cup : *Vigilant* (1893), *Defender* (1895), *Columbia* (1899 et 1901), *Reliance* (1903) – qui est de l'avis des spécialistes un véritable chef-d'œuvre – et enfin *Resolute* (1920).

1876

Nathanaël Greene Herreshoff

Nathanaël Herreshoff en démonstration sur la Tamise à la barre de Duplex, *l'un des nombreux catamarans de sa création.*

Des Austronésiens à *Amaryllis* : retour sur les origines du catamaran de course

Coup de tonnerre dans le milieu très cossu du yachting : le samedi 24 juin 1876, les *sandbaggers* se sont fait laminer par un bateau de conception insolite. Un « catamaran » ! Des décennies durant, rien ni personne n'avait remis en cause la façon de « faire de la voile » : de magnifiques coques effilées, des dérives profondes, une superficie de voiles augmentée par des appendices prolongés hors du pont… Et des dizaines d'hommes responsables de faire contrepoids en déplaçant des sacs de sable d'un bord à l'autre : les fameux *sandbaggers*…

Ce jour-là, le long de Long Island, où était organisée la New York Centennial Regatta (célébrant les 100 ans de la création des États-Unis), un tout petit bateau de 7,50 m a battu ce qui se faisait de mieux en matière de voile… À peu près 3 heures et 20 minutes de course et, à la fin, un énorme écart de 7 minutes… La particularité de ce vainqueur inattendu ? *Amaryllis*, conçu et barré par Nathanaël Herreshoff *(voir ci-contre)*, était le tout premier catamaran de course !

Multiplier les coques pour réduire les frottements dans l'eau, pouvoir s'affranchir des appendices et contrepoids sans toutefois affecter la « puissance » transmise par les voiles : la belle idée ! Elle fera école puisque nombre de records transocéaniques (Atlantique et tour du monde notamment) seront battus par des catamarans *(voir p. 85)*.

En vérité, aussi talentueux soit-il, Herreshoff n'a rien inventé ! Il a juste su tirer profit de sa formidable curiosité, car le concept de catamaran ne date pas d'hier ! D'ailleurs, l'origine du mot vous mettra sur la voie : il vient du tamoul *kattumaram*, qui signifie « bois liés ». Ce terme désignait les pirogues à balancier qu'utilisaient les premiers peuples austronésiens au IIe millénaire avant notre ère…

Plusieurs versions se confrontent quant à la découverte de ce modèle de bateau par les nations européennes : certains évoquent les descriptions faites en 1690 par le corsaire britannique William Dampier à son retour d'Indonésie, d'autres remontent à l'expédition de Magellan en 1521 *(voir p. 14)*. Entre les deux, on peut aussi citer le nom du Britannique William Petty, premier Européen à en concevoir un prototype en 1662…

214 ans plus tard, c'est notamment avec cette création – presque une création du démon, si l'on en croit les puristes de la voile à l'époque – que Nathanaël Herreshoff va acquérir le surnom de « sorcier de Bristol »… Un sacrilège tel que durant très longtemps les multicoques seront interdits de compétition par les clubs et fédérations de voile…

CATAMARAN

1908

Elmer Ambrose Sperry

L'une des très rares photos d'Elmer Ambrose Sperry utilisant son gyrocompas.

GYROCOMPAS

L'ancêtre du pilote automatique, qui a joué un rôle décisif pendant la Première Guerre mondiale

Voici l'histoire de l'un des « meilleurs amis » du navigateur solitaire : le pilote automatique ! Un dispositif numérique directement relié au gouvernail qui permet au marin de lâcher la barre pour s'occuper du bateau sans perdre un seul nœud de vitesse et sans dévier d'un seul degré du cap souhaité… Oui, parce qu'un skipper seul sur l'océan, à des milliers de milles de toute civilisation, doit faire face à de multiples préoccupations et doit pouvoir quitter son cockpit pour accomplir une foule de tâches : hisser ou affaler des voiles, contrôler la météo, affiner sa route, réaliser quelques menues réparations, se restaurer… Et puis fermer l'œil aussi… Laisser son esprit quitter le bateau pour quelques minutes de sommeil réparateur…

Le « pilotage » du bateau a énormément évolué depuis le milieu des années 2000. On doit cela à l'avènement des foils. Maintenant que les bateaux volent, les skippers ne doivent plus raisonner en 2D mais en 3D ! Et les pilotes automatiques se sont adaptés pour gérer l'assiette par l'asservissement de nouveaux appendices.

À l'instar d'Internet, du micro-ondes, du GPS ou du Zodiac, notamment, saviez-vous que le pilote automatique a été développé par des militaires ? Le dispositif a d'ailleurs été un atout majeur lors de la Première Guerre mondiale !

Jusqu'au début du XIXe siècle, on naviguait essentiellement au sextant et au compas. Mais l'évolution des matériaux avec l'avènement des blindages métalliques a eu pour effet de rendre ces boussoles magnétiques inopérantes…

La solution ? C'est l'inventeur américain Elmer Ambrose Sperry qui l'a trouvée, puis protégée par un brevet, en 1908 : l'idée était de parvenir à faire fonctionner le compas malgré le blindage en lui adjoignant les « gènes » d'un gyroscope !

Parmi les premières armées intéressées, la Royal Navy en fait un brillant usage : les Britanniques, écrasés le 1er novembre 1914 par la flotte du vice-amiral Maximilian von Spee lors de la bataille de Coronel, ont su saisir l'opportunité d'une revanche le 8 décembre suivant au large des îles Malouines. Ce qui avait changé entre-temps ? Le chef d'état-major, l'amiral Sturdee, avait comblé les lacunes de ses navires en leur redonnant la « vue » grâce au gyrocompas de Sperry ! On l'avait même interfacé avec la commande du servomoteur de gouvernail. Mettant au point ce que l'on peut appeler un « pilote automatique conservateur de cap », les Britanniques sont descendus aux Malouines à toute vitesse pour surprendre et anéantir les croiseurs allemands…

1912

Gustave Eiffel

Antonin Lapresle et Gustave Eiffel (assis) au Laboratoire aérodynamique d'Auteuil, 1912.

PIONNIER DE L'AÉRO

Comment le créateur de la tour Eiffel a inspiré l'aérodynamique moderne

À force de coller des étiquettes, à force de ranger les gens dans des cases, on en arrive à oublier – ou à ignorer – certaines facettes de leur personnalité et l'héritage fondamental qu'ils peuvent avoir laissé à l'humanité… Exemple parfait avec Gustave Eiffel, dont tout le monde sait qu'il est le père de la majestueuse tour de 300 m qui domine Paris, ou encore celui de l'ossature en fer de la statue de Liberté au large de Manhattan… Mais saviez-vous qu'Eiffel était aussi le père de l'aérodynamique moderne ?

Il ne s'en est jamais caché : le vent était pour lui le principal ennemi de ses mégastructures, les fameuses dentelles de fer du viaduc de Garabit et de la tour Eiffel… Et c'est seulement dans les vingt dernières années de sa vie que le génial architecte s'est penché sur la question…

Il commence en 1903, depuis le deuxième étage de sa tour, à étudier l'aérodynamique de la chute libre en lançant des objets le long d'un câble-guide à 115 m de hauteur… Quatre ans plus tard, il publie à compte d'auteur ses *Recherches expérimentales sur la résistance de l'air exécutées à la tour Eiffel*… Aussi, plutôt que d'expérimenter le déplacement des objets dans l'air, décide-t-il d'analyser l'effet du vent sur des éléments statiques. Après un premier laboratoire aérodynamique construit au pied de sa tour, Eiffel inaugure en 1912 une nouvelle soufflerie dans le quartier d'Auteuil (établissement toujours actif aujourd'hui).

Blériot, Voisin, Farman : tous les grands noms de l'aviation veulent profiter de ses installations… Eiffel y mène des essais sur les hélices, le profilage des mâts des biplans ; et travaille à réduire la traînée des roues d'atterrissage… Il élargit le champ de ses recherches aux hangars à dirigeables, aux pylônes de la TSF et même aux voitures de course !

Et l'aérodynamique de la voile ? On ne peut lui en attribuer la paternité directe… En revanche, on ne peut nier son influence sur celui qui en a posé les bases : Manfred Curry. C'est deux ans après la mort de Gustave Eiffel – et après avoir lu les traductions de ses traités – que le jeune régatier de 18 ans publie *L'aérodynamique de la voile et l'art de gagner les régates*. La pertinence de ses analyses sur les tactiques de course, l'écoulement d'air sur les voiles et les profils de gréements fait passer le tout jeune homme dans une autre « dimension ». Il est même convié par le professeur Hugo Junkers à mener ses propres essais dans la soufflerie de Göttingen ! Des bômes souples aux safrans déformables en passant par des dérives à incidence variable, Curry – bien inspiré par Eiffel – a radicalement changé la vision du bateau…

1914

Normes SOLAS

LES LEÇONS DU *TITANIC*

Le naufrage du Titanic *peint par l'artiste allemand Willy Stoewer en 1932.*

Le naufrage du *Titanic* à l'origine des normes qui régissent la sécurité en mer

Saviez-vous que Raphaël Dinelli (naufragé sur le Vendée Globe 1996 ; *voir p. 114*) et Kevin Escoffier (naufragé sur le Vendée Globe 2020 ; *voir p. 124*) doivent leur survie aux leçons tirées de la plus grande catastrophe maritime de l'histoire ? En effet, c'est à la suite du naufrage du *Titanic* (faisant plus de 1 500 morts dans la nuit du 14 au 15 avril 1912) que furent édictées les premières règles pour la sauvegarde de la vie humaine en mer : la fameuse « convention SOLAS » (*Safety of life at sea*).

Avant de penser « sécurité » et « normes », l'une des premières initiatives avait été de poser par écrit des règles qui, jusque-là, étaient d'ordre moral. C'est ainsi que le 23 septembre 1910 fut signée par les principaux pays pratiquant la navigation maritime une convention internationale pour « l'unification de certaines règles en matière d'assistance et de sauvetage maritimes ».

Les principes à retenir de cette convention : selon l'article 9, la vie d'un marin n'a pas de prix ; selon l'article 11, « tout capitaine est tenu, autant qu'il peut le faire sans danger sérieux pour son navire, son équipage, ses passagers, de prêter assistance à toute personne, même ennemie, trouvée en mer en danger de se perdre ».

Ces règles peuvent paraître implicites, mais l'Histoire nous a réservé des situations un peu surprenantes. Comme l'attitude incompréhensible du *Californian*, un cargo britannique qui se trouvait à proximité du *Titanic* quand celui-ci a coulé et qui n'a rien fait pour porter assistance aux naufragés...

Réalisant avec horreur que nul vaisseau n'était insubmersible, pas même le RMS *Titanic*, les Britanniques ont organisé deux ans après le drame une convention destinée à instaurer un certain nombre d'exigences obligatoires en matière de sécurité : sécurité de navigation, mise en place de cloisons étanches et résistantes au feu, lutte contre les incendies à bord, équipements de sauvetage (radeaux, gilets...), moyens de communication, etc. Les normes SOLAS étaient nées...

Au fil des innovations, plusieurs conférences sont venues amender et mettre à jour ces règles : en 1929, en 1948, en 1960 et en 1974. Aujourd'hui, un homme à la mer n'est plus forcément un « homme mort » s'il a eu le temps d'enfiler sa « TPS » (une combinaison de survie ; *voir p. 58*), s'il a déclenché sa balise de détresse *(voir p. 62)* et s'il a gonflé son radeau de survie... Un ensemble d'équipements rendus obligatoires pour participer aux courses transocéaniques et régies par la convention SOLAS...

1935

Sam O. Berge

Sam O. Berge manœuvrant son Prince Charmant II *lors du championnat du monde de modèle réduit 1935 à Fleetwood (Angleterre).*

LÂCHER LA BARRE

Comment Tabarly et Moitessier ont pu « lâcher la barre » grâce à l'invention d'un champion du monde de navigation en modèle réduit

Joshua Slocum a raconté qu'au cours de son tour du monde à la voile accompli en solitaire entre 1895 et 1898 (*voir p. 17*) son bateau était tellement bien équilibré qu'il avait pu parcourir – barre amarrée et en vent arrière – la distance de 2 200 milles au nord-ouest de la Nouvelle-Guinée sans qu'il n'ait à toucher une seule fois à la barre durant 27 jours !

Amateur ou professionnel, tout le monde vous le dira : quand la fatigue le submerge et qu'il a besoin de repos, pouvoir lâcher la barre est le rêve de tout marin ! Longtemps, les navigateurs en solitaire n'ont eu que deux options. La première (racontée par Slocum ci-avant) consistait à disposer d'un bateau bien conçu et de voiles parfaitement réglées... Avec le risque d'aller « au tas » en cas de brusque changement de vent ! La seconde, à mettre le bateau à la cape (c'est-à-dire à l'arrêt face au vent), avec comme conséquence de dériver et de perdre le bénéfice de quelques heures de navigation...

Anecdote plutôt insolite mais pourtant véridique : c'est du modélisme que les navigateurs ont hérité la « solution miracle » pour lâcher la barre, et un peu de pression !

Les premiers dispositifs de pilote automatique (des capteurs de gîte) apparaissent au milieu du XIXe siècle en Angleterre et aux États-Unis. Les courses de modèles réduits se font sur de longs bassins et il est interdit aux concurrents de toucher à leur voilier sauf pour exécuter un changement de bord.

En 1933, Marin-Marie (écrivain et peintre) est le deuxième Français (après Alain Gerbault – *voir p. 18*) à réaliser la traversée de l'Atlantique en solitaire. Son astucieuse invention : un système de trinquettes jumelles directement reliées à la barre par des poulies et des renvois ! Ce gréement ainsi fait lui permettait de maintenir son cotre norvégien (*Winibelle II*) en permanence en vent arrière sans aucune manœuvre de sa part !

Bien moins encombrant, bien plus simple à mettre en œuvre (et c'est ce qui a favorisé sa généralisation) : le modèle de régulateur d'allure à girouette inventé en 1935 par un modéliste (encore une fois !), un axe reliant deux palans – l'un au vent, l'autre dans l'eau – pour orienter la barre franche et maintenir l'angle du bateau vis-à-vis du vent... C'est ce système qui a permis à son inventeur, le Norvégien Sam O. Berge, de remporter le titre de champion du monde des courses de modèles réduits à Fleetwood (Angleterre) ! Il sera très vite adopté par les plus grands : Blondie Hasler, sir Francis Chichester, Éric Tabarly, Bernard Moitessier...

1948
JEUX OLYMPIQUES

Paul Elvstrøm

Paul Elvstrøm aux Jeux d'Helsinki en 1952.

PARTIES FINN

Les petits secrets du plus grand champion olympique de voile de l'histoire

Au menu des champions oubliés ou ignorés, nous vous proposons Paul Elvstrøm. Le skipper, désigné « sportif danois du siècle » en 1996, onze fois champion du monde de voile, a marqué l'histoire de la voile olympique avec quatre titres (un par édition entre les Jeux de Londres en 1948 et ceux de Rome en 1960) et un total de huit participations jusqu'à sa dernière, en 1988, à Séoul, à 60 ans révolus. En 40 ans de Jeux olympiques, Elvstrøm a concouru avec – à peu près – tout ce qui se fait de mieux en matière de voile de compétition : en Firefly, en Finn, en Star, en Soling et en Tornado.

Le Firefly (la catégorie dans laquelle il a conquis son premier titre, à 20 ans seulement) et le Finn (bateau avec lequel il a gagné les trois éditions suivantes) étaient des petits dériveurs légers et maniables... À l'époque, on cherchait déjà à maximiser la vitesse des navires en faisant contrepoids avec son corps, en rappel au-dessus de l'eau... Elvstrøm voulait être en « forme olympique », comme on dit : il avait ainsi fabriqué un banc de rappel dans sa cave et il se sanglait les pieds pour travailler son gainage... D'autre part, pour s'alourdir pendant les régates (et donc augmenter le contrepoids vis-à-vis de sa voile), il n'hésitait pas à enfiler plusieurs pulls et à sauter du bateau pour les gorger d'eau ! Plutôt finaud, le Danois !

D'autres skippers ont rejoint Elvstrøm dans la légende de la voile aux Jeux. Citons d'abord le Britannique Ben Ainslie, quadruple champion lui aussi : après l'argent en 1996 en Laser, il gagne l'or en 2000 puis réalise un triplé en Finn de 2004 à 2012. Hommage aussi aux Brésiliens Torben Grael et Robert Scheidt, cinq fois médaillés aux Jeux.

Mais force est de constater qu'Elvstrøm a laissé une trace indélébile dans l'histoire de la voile... Car outre son palmarès en or et ses pratiques avant-gardistes dans la quête de performance, le Danois en or a aussi apporté sa « touche » d'innovations en développant par exemple un nouveau modèle de vide-vite (accessoire qui s'est, depuis, standardisé sur les dériveurs) ou en créant son propre modèle de gilet de sauvetage.

Enfin, véritable esthète dans la performance aussi bien que dans l'état d'esprit, Elvstrøm refusait de gagner tout en traînant des « casseroles » (remarquez qu'à la longue ça peut freiner un bateau !). On retrouve son élégance dans le respect qu'il voulait absolument conserver auprès de ses concurrents : « On n'a pas gagné la course si, en gagnant la course, on a perdu le respect de ses compétiteurs. »

Le *Sir Thomas Lipton* en cours de construction.

1968
TRANSAT ANGLAISE
Geoffrey Williams

SPONSORING & ROUTAGE MÉTÉO

Le premier voilier de course au large à bénéficier d'un financement publicitaire

Commençons le récit de notre histoire en jouant au *Juste Prix* : 17e voilier du Gitana Team, je suis un maxi-trimaran-hydroptère mis à l'eau en 2017. En 2024, barré par Charles Caudrelier, j'ai bouclé le tour du monde en 50 jours. Question : combien la famille de Rothschild a-t-elle déboursé pour financer ma construction ? Réponse : 12 millions d'euros ! Complément d'information : les bateaux de l'autre catégorie phare des courses au large, les IMOCA à foils, coûtent entre 6 et 7 millions d'euros.

Ce constat ne date pas d'hier : il est si coûteux de concevoir, de construire et d'entretenir un navire que la course à la voile est depuis toujours pratiquée par ceux qui en ont les moyens… Ce fut le cas des familles royales (voir p. 32), puis des aristocrates et ensuite des nouveaux riches, capitaines d'industrie avant de devenir capitaines de navire… Exemple avec sir Thomas Lipton, qui a longtemps navigué après le Graal de l'America's Cup (voir p. 78).

S'il n'a pu inscrire son nom au palmarès de cette prestigieuse compétition, ce dernier figure en revanche à celui de l'une des plus emblématiques courses transatlantiques au monde : la Transat anglaise. Et ce grâce au Britannique Geoffrey Williams, un simple professeur de géographie à New York, qui est le tout premier skipper à faire sponsoriser un bateau : ainsi, c'est à bord du *Sir Thomas Lipton* qu'il va participer à la troisième édition de cette course.

Par ailleurs, Williams a observé les performances d'Éric Tabarly, vainqueur en 1964 sur *Pen Duick II*, et a développé une approche très scientifique pour la Transat 1968. D'abord à propos du type de bateau : il choisit un ketch de 17 m. Ensuite pour l'optimisation de la navigation : initiative qui va peser lourd dans sa victoire, Williams est le premier à utiliser le routage météo en course (autorisé à l'époque) – une liaison radio régulière avec des météorologistes basés à Bracknell et, une fois par jour, des propositions d'itinéraires optimisés envoyées sur l'ordinateur de l'English Electric Computer qu'il a embarqué.

Lorsque la troisième édition de la Transat anglaise est balayée par une énorme dépression avec des rafales à 60 nœuds, de nombreux concurrents se mettent en panne, sous tourmentin… Bien avisé, Williams décide de contourner le phénomène météo par le nord. Résultat : le Britannique prend 300 milles d'avance sur le reste de la flotte et bat de plus d'un jour le chrono réalisé par Tabarly en 1964 ! Sa victoire, avec 17 heures d'avance sur le deuxième, fut si éclatante que les organisateurs de la Transat anglaise ont immédiatement interdit le routage météo en prévision de la quatrième édition…

1971

Daniel Rigolet

ASSURANCE-(SUR)VIE

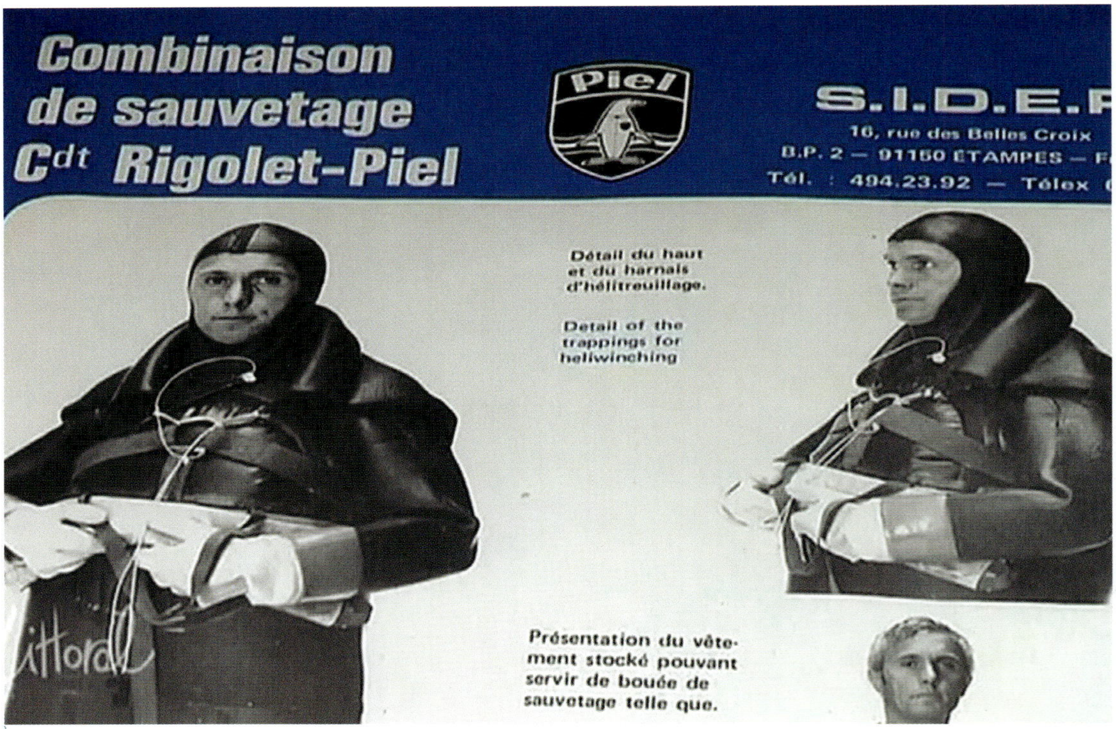

Plaquette publicitaire pour la combinaison de sauvetage révolutionnaire de Daniel Rigolet.

Il invente la combinaison de survie en apprenant le naufrage d'un cargo

Mercredi 10 novembre 1971. La une du *Télégramme* est glaçante : « 38 hommes à bord du cargo français *Maori* : UN SURVIVANT ». Le navire revenait avec 6 845 tonnes de nickel chargées à Nouméa (Nouvelle-Calédonie) et 1 003 tonnes d'huile de coprah embarquées à Papeete (Tahiti). Il a sombré dans le golfe de Gascogne... Le seul survivant de ce naufrage n'a dû la vie qu'à un éclair de lucidité : enfiler une combinaison de plongée avant de se jeter à l'eau !

Pourquoi ce geste lui a-t-il sauvé la vie ? Parce que, si vous devez quitter votre bateau en perdition et passer des heures dans l'eau dans l'attente d'éventuels secours, votre premier ennemi sera l'hypothermie !

Apprenant la tragédie, Daniel Rigolet, capitaine du pétrolier *Pierre Poulain*, note sur un calepin les caractéristiques (flottabilité, étanchéité, maintien au chaud) de cette combinaison et propose un projet à la marque Piel, qui fabrique des vêtements pour les marins. Le but : concevoir une combinaison qui permettra aux marins de tenir 24 heures dans une eau à 0 °C !

Mais ce sera loin d'être une partie de rigolade pour Rigolet... Un an après la catastrophe, il teste un premier prototype, chez lui, à Pornichet. Et il multiplie les démonstrations... Au Havre notamment, devant la Commission centrale de sécurité de la marine marchande, puis devant le Premier ministre Pierre Mesmer.

En 1974, en plein hiver, il organise une expérimentation dans des conditions réelles : par gros temps, il se fait larguer en mer dans le raz Blanchard, au large de la Hague. Il va passer 24 heures dans une mer entre 6 et 8 °C. Étape suivante quelques mois plus tard à Cherbourg, où il teste la combinaison sur sept cobayes aux morphologies différentes...

Malgré les innombrables preuves de l'efficacité de sa combinaison de survie, les autorités se refusent encore à l'imposer aux bateaux de commerce et de pêche. Rigolet ne rigole plus, il s'impatiente même... En marge du Salon nautique de 1979, il organise un « happening » spectaculaire et se jette en combinaison dans la Seine depuis le pont Alexandre-III à Paris ! Ce geste lui vaudra un déclassement professionnel et le poussera à la démission...

C'est seulement en 1983, au terme de dix ans de lobbying acharné, qu'il obtient l'homologation de la combinaison de sauvetage Piel-Rigolet. Dans la foulée, le ministre de la Mer, Louis Le Pensec, la rend obligatoire sur tous les bateaux professionnels de France... Depuis : Raphaël Dinelli, Isabelle Autissier, Fabrice Amedeo, Kevin Escoffier... nombre de navigateurs rentrés à terre sains et saufs après mauvaise fortune peuvent dire merci à leur « TPS » (*Thermal Protective Suit*) ! Merci surtout à Daniel d'être allé au bout de son idée, au bout de son combat !

1976

Paul Ricard

Éric Tabarly, au large de La Rochelle en 1976, lors d'une séance d'essais de son prototype de trimaran sur une maquette à l'échelle 1/3.

L'échec du premier *foiler* de compétition

GRAND PRÉMATURÉ

On a tendance à dire que les 24 Heures du Mans sont désormais un « Grand Prix de F1 couru sur un tour d'horloge ». En toute objectivité, on peut considérer que les courses au large ont suivi la même évolution… Exemple avec le maxi-trimaran à foils *Edmond de Rothschild*, qui a permis à Charles Caudrelier de remporter l'Arkea Ultim Challenge 2024 en 50 jours, 19 heures, 7 minutes et 42 secondes *(voir p. 101)*, là où les premiers Vendée Globe se couraient en 110 jours… Tout a changé dans la voile de compétition, et en particulier la conception des bateaux… Les Ultim sont désormais capables d'aller deux fois plus vite que le vent. Tels des avions au-dessus de l'eau, ils décollent à 22 nœuds et peuvent accélérer jusqu'à 45 nœuds ! Leur architecture, leur utilisation des plans porteurs et des foils… tout semble nous ramener à l'héritage laissé par l'aventure de *L'Hydroptère* d'Alain Thébault *(voir p. 68)*…

Sauf que Thébault était lui-même le disciple d'une légende de la voile française, d'un véritable visionnaire… Ainsi les trimarans à foils d'aujourd'hui doivent-ils beaucoup au projet d'hydrofoil développé par Éric Tabarly dans les années 1970 avec Alain de Bergh, responsable des calculs de structure chez Dassault Aviation. Après deux ans de recherche et de travaux de conception, l'équipe est passée aux essais réels le 25 août 1976 à La Rochelle. Tabarly est à la barre d'une maquette à l'échelle 1/3 construite à partir d'une coque de Tornado de 6 m de long. Par 12 nœuds de vent, le Français parvient à dépasser les 15 nœuds.

Trois ans plus tard, il met à l'eau son hydrofoil grandeur nature, sponsorisé par Paul Ricard, et se classe 2e de la Transat en double Lorient-Bermudes-Lorient, avec Marc Pajot. Le duo est rattrapé dans les derniers milles de course et termine à seulement 5 minutes et 42 secondes du tandem Gilles Gahinet et Eugène Riguidel. Tabarly poursuit sur sa lancée et, l'année suivante, va battre de 47 heures le record de la traversée de l'Atlantique détenu par la goélette *Atlantic* de Charlie Barr *(voir p. 77)*. La seule victoire à mettre au crédit du *Paul Ricard* sera la première édition de la Québec - Saint-Malo en 1984, le bateau était alors barré par Patrick, le frère d'Éric !

Malgré moult évolutions apportées sur le mât, les flotteurs, la coque… Tabarly reste sur sa faim : l'impact des foils sur la performance n'est pas spectaculaire, le bateau ne vole pas… La principale raison : son poids… Et c'est ce qui fera la différence par rapport aux performances ahurissantes désormais réalisées tant en vitesse pure que sur de longues distances par des bateaux où le carbone est roi… D'une certaine façon, on peut dire que Tabarly avait senti le sens du vent, le sens de l'histoire, mais était en avance sur son temps et sur les possibilités matérielles de son époque…

JUMBO-YACHT

D'Alain Colas à Xavier Niel : grandeur et décadence du *Phocéa*

Une coque en acier de 72 m, quatre mâts de 35 m avec chacun un foc et une grand-voile, 1 000 m² de voilure, 70 tonnes de lest en uranium appauvri, 250 tonnes de déplacement : voici les mensurations extravagantes du plus grand des monocoques de l'histoire de la course au large, le légendaire *Club Méditerranée*, pensé par Alain Colas pour remporter la Transat anglaise 1976… Imaginez la démesure : le tirant d'eau de 5,50 m est tel que, le jour de son lancement (le 15 février 1976, dans l'arsenal du Mourillon à Toulon), le navire est mis à l'eau… la coque à l'envers !

Alain Colas veut confirmer sa victoire de 1972 (conquise à la barre de *Pen Duick IV*, qu'il avait racheté à Éric Tabarly). Pour financer son bateau, le navigateur français s'appuie sur Gaston Defferre (maire de Marseille) et parvient à séduire Gilbert Trigano, le patron de Club Méditerranée, qui va apporter les deux tiers du budget de 10 millions de francs. Après Geoffrey Williams, qui est le premier à faire financer son bateau par une marque en 1968 *(voir p. 57)*, ce deal entérine définitivement la bascule de la voile de compétition dans l'ère du sponsoring…

Face au monstre d'acier de Colas, Tabarly aligne *Pen Duick VI*, un monocoque de 22,25 m, gréé en ketch Marconi avec 260 m² de voilure… Situation paradoxale : son bateau est conçu pour être manœuvré à quatorze alors que *Club Méditerranée* peut être piloté seul ! Le « jumbo-yacht » est doté des équipements technologiques les plus avancés à l'époque : des caméras surveillent chacun des mâts, une centrale hydraulique gère les winches, un ordinateur sur la table à cartes décode la météo, aidé par un système de localisation connecté à six satellites de navigation américains…

Peut-être un manque de fiabilité lié à son gigantisme : Alain Colas sera forcé de réaliser une escale technique de 36 heures à Terre-Neuve et finira 2e de la course, seulement 7 heures et 28 minutes après Éric Tabarly !

Colas disparaît en mer durant la Route du Rhum 1978 *(voir p. 106)*. Quatre ans plus tard, Bernard Tapie rachète le bateau que la famille Colas, surendettée, ne peut entretenir. Son ambition : le record de la traversée de l'Atlantique. Après un premier échec en 1983, l'homme d'affaires fait rénover le vaisseau pour en faire le plus luxueux et le plus performant des yachts du monde. Trois ans de travaux et 68 millions de francs dépensés.

Valse des noms, *Club Méditerranée* devient un temps *La Vie Claire* – du nom de l'une des sociétés Tapie –, puis il prend le nom de la cité grecque qui a fondé Marseille : Phocéa ! Première renaissance et inauguration spéciale : le 23 mai 1987, l'homme d'affaires épouse à son bord Dominique Mialet-Damianos et réalise sa première croisière lors de leur voyage de noces…

Après l'amour, la « guerre » : Tapie ne perd pas de vue son objectif et se lance en juin 1988 dans sa seconde tentative du record de l'Atlantique à la voile. Ce sera la bonne ! On connaît la pugnacité du bonhomme, avec parfois des prises de risque (peut-être) inconsidérées… Malgré une tempête annoncée, Tapie – à bord du vaisseau – exige de maintenir le cap coûte que coûte. Rossé par les assauts de la houle, le quatre-mâts se couchera quatre fois et se relèvera à chaque fois ! Un journaliste à bord fera même un « coma tétanique » : paralysé par la peur !

Comme souvent, Tapie a obtenu ce qu'il désirait… Le bougre ! Son navire, armé de deux spis, quatre génois et deux grand-voiles (surtoilé à 3 000 m² environ), a avalé l'océan… 400 milles dans les bons jours… L'équipage a relié New York à Saint-Malo en 8 jours, 3 heures et 29 minutes (à 14,96 nœuds de moyenne sur un parcours de 2 925 milles), et ainsi battu le record de Charlie Barr de 4 jours *(voir p. 77)*.

On est dans les années où tout sourit à Tapie : Hinault et LeMond lui apportent le Tour de France sur un plateau, son OM finit par remporter la Coupe d'Europe des clubs champions, il rachète et découpe des entreprises à tour de bras, Mitterrand n'a d'yeux que pour lui… Le tycoon brille de mille feux et fait de son *Phocéa* son « quartier » d'affaires : c'est à bord du vaisseau qu'il signe les rachats d'Adidas et de Toshiba, c'est là qu'il conclut des transferts de joueurs, c'est dans le salon qu'il fête son équipe championne d'Europe !

Mais de la cime à l'abîme, on a l'impression que Tapie n'a fait qu'un pas… Au lendemain du titre européen de l'OM, tout se complique… Rattrapé par les « affaires », l'homme d'affaires doit se défaire de son fer de lance… En 1997, alors qu'il purge une peine de prison à la Santé, une annonce paraît dans le *Herald Tribune* : le *Phocéa* est à vendre ! Mouna Ayoub, milliardaire et jet-setteuse, se jette sur l'opportunité, le rachète pour 36,5 millions de francs et investit six fois plus pour le transformer en palace flottant ! Elle l'exploitera pendant treize ans, pour ses propres fêtes et pour le louer (180 000 euros par semaine), avant, à son tour, de s'en séparer en 2010.

Indéniablement, le « grand bateau » d'Alain Colas, la Formule 1 de luxe de Tapie, n'est plus que l'ombre de la bête de compétition qu'il a été… Xavier Niel, associé aux frères Rosenblum (fondateurs de Pixmania), met 10 millions d'euros sur la table pour racheter le *Phocéa* à Mouna Ayoub. Mais, trois ans à peine après le rachat, le voilier est endommagé dans une tempête… On le convoie vers la Thaïlande pour réparations. Il ne quittera plus l'Asie du Sud-Est, où il finira par couler mystérieusement après un incendie. L'épave repose aujourd'hui sur les fonds de l'île paradisiaque de Langkawi…

Le Phocéa en juillet 1987, après trois ans de travaux financés par Bernard Tapie.

1979

Balise Argos

MOUCHARD DES OCÉANS

Philippe Jeantot présente un exemplaire de la balise Argos, qui a permis à l'organisation du Vendée Globe de retrouver Thierry Dubois, Raphaël Dinelli et Tony Bullimore lors de la troisième édition.

Le CNES et la NASA inventent la balise qui suit les marins à la trace !

Incroyable mais vrai : ce sont les spécialistes de l'espace (le CNES et la NASA) qui sont à l'origine de la balise qui a fait entrer les courses à la voile dans l'ère du « direct » !

Argos : un nom inspiré par la mythologie grecque... L'histoire d'un géant à qui Héra avait confié la surveillance d'Io, la maîtresse de son mari (Zeus). Argos était « *Panoptès* » (celui qui voit tout), car, même quand il dormait, il gardait cinquante de ses cent yeux ouverts !

Les balises Argos sont l'aboutissement d'un programme initié en 1971 par l'association du CNES (Centre national d'études spatiales), de la NOAA (l'Agence américaine d'étude de l'atmosphère et des océans) et de la NASA (National Aeronautics and Space Administration). Au départ, l'idée était de suivre des ballons stratosphériques dans le courant-jet grâce à des données envoyées à un satellite dédié. Le succès de cette expérience a donné naissance au projet Argos...

Le principe : une balise émet un signal radio à intervalles réguliers sur une fréquence de 401,65 MHz. Le signal est capté par un satellite en orbite basse (850 km) faisant le tour de la Terre en 1 heure et 40 minutes et couvrant, à chaque passage, une bande large de 5 000 km. Le satellite est alors capable de localiser la balise via une analyse Doppler du signal avec une précision qui a beaucoup progressé (3 à 5 km au début, 150 m aujourd'hui). Il enregistre ainsi jusqu'à 4 000 messages avant de les transmettre à une station au sol (comme le centre opérationnel de Toulouse).

Après le lancement d'un satellite prototype (*TIROS-N*) en octobre 1978, le premier boîtier est embarqué à bord du *NOAA-6* mis en orbite en juin 1979. Parmi les champs d'application concrets : la surveillance de l'environnement et du climat, le suivi des animaux, la gestion durable des pêches et la sécurité maritime, avec en particulier la course à la voile !

Depuis des siècles, quand navigateurs et équipages larguaient les amarres, on voyait disparaître le tangible et il fallait libérer son imagination pour se projeter dans leurs aventures... Avec les balises Argos, bienvenue dans l'ère de la course en direct ! On est désormais capable, à tout moment, de connaître la position des concurrents en mer ! Utile pour les médias, utile aussi en cas d'avarie majeure sur les voiliers... Première course à bénéficier de cette innovation : la toute nouvelle Transat Lorient-Les Bermudes-Lorient organisée en 1979, avec un petit paradoxe à l'époque : les seuls à n'avoir pas eu le droit de connaître la position des bateaux étaient les concurrents eux-mêmes ! Cela a bien changé depuis !

1983

COUPE DE L'AMERICA

Australia II

LA QUILLE DE L'AFFRONT

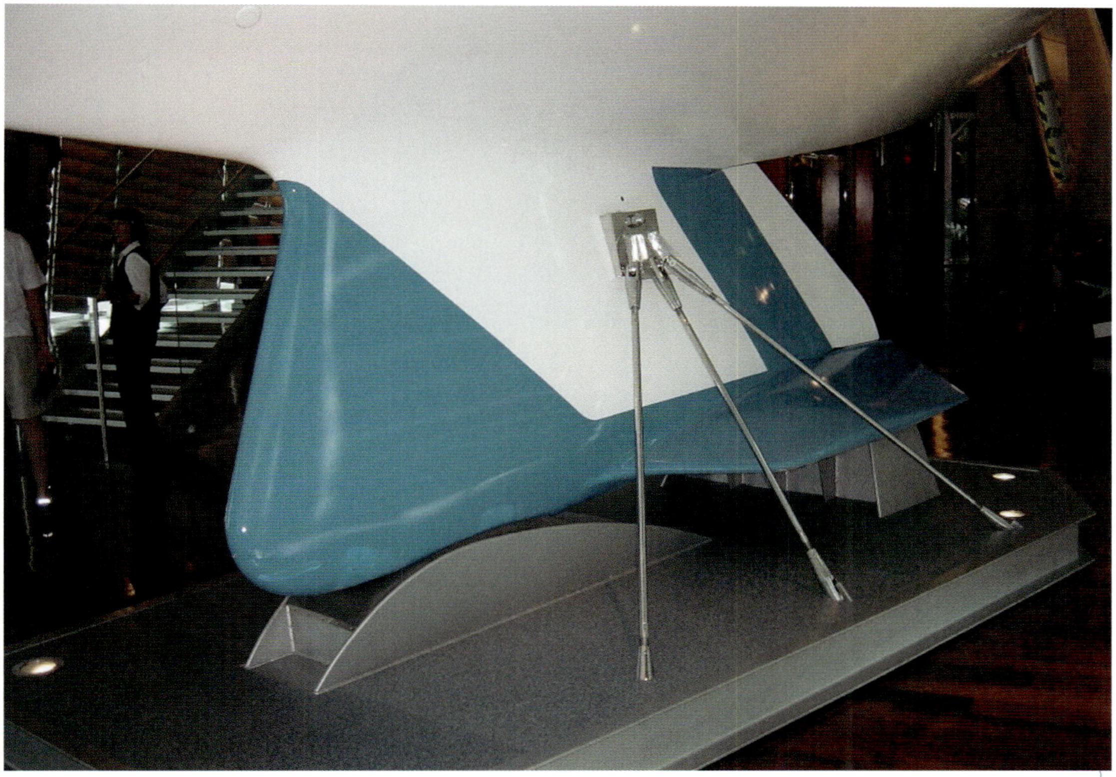

*La fameuse quille à ailettes d'*Australia II.

L'innovation qui a mis fin à 132 ans de domination américaine

Doyenne du sport, créée en 1851, la Coupe de l'America est la plus vieille compétition sportive au monde *(voir p. 33)*. Vingt ans avant le premier match international de rugby, quarante-cinq avant la rénovation des Jeux olympiques. C'est aussi un trophée que nombre de navigateurs ont convoité sans jamais pouvoir le conquérir. La faute aux Américains : eux qui sont venus en Angleterre en 1851 prouver la valeur de leur conception navale en remportant la régate annuelle du Royal Yacht Squadron autour de l'île de Wight, eux qui ont proposé que leur trophée soit régulièrement remis en jeu dans une compétition sous forme de *match race*, eux enfin qui l'ont thésaurisé (le trophée) durant 132 ans, les *defenders*, les navires engagés par le New York Yacht Club, ne perdant aucune des vingt-quatre premières éditions !

Seulement, toute série a une fin, même les plus incroyables des hégémonies… Celui qui est parvenu à contester la suprématie américaine sur les mers s'appelle Bond. Alan Bond ! Magnat australien de la bière qui a mis toute son énergie et beaucoup d'argent dans le projet… Et une bonne dose de persévérance aussi : 1974, 1977 et 1980… Trois participations, trois défaites. 4-0, 4-0 et 4-1. Beaucoup auraient renoncé. Pas Bond, qui a su rebondir…

En 1983, année où la compétition de sélection du challenger instaurée en 1970 prend le nom de Louis Vuitton Cup – sponsoring oblige –, Alan Bond joue « *all in* ». Pour être clair : il fait procéder à une sélection et à un entraînement très rigoureux de son équipage, il s'attache les services des meilleurs maîtres voiliers et météorologistes, il truffe son bateau d'informatique (même balbutiante) et il confie la barre au maître tacticien John Bertrand, médaillé de bronze en Finn aux Jeux de Montréal. En face, le *defender* est barré par le légendaire Dennis Conner, lui aussi en bronze à Montréal mais en Tempest.

Retenant les leçons de ses échecs, Bond met le paquet sur la R&D, et son architecte Ben Lexcen imagine une quille révolutionnaire équipée d'ailettes, qu'il va même perfectionner dans les bassins de carènes à Amsterdam ! Dans le port de Newport, là où se déroulent la Louis Vuitton Cup puis l'America's Cup, histoire de préserver le mystère et le secret industriel – comme on le fait en F1 aujourd'hui –, les Australiens prennent soin de dissimuler cette fameuse quille sous des bâches… Passablement agacé, Dennis Conner tente de faire disqualifier le défi australien ! La course, elle, donnera lieu à l'une des plus belles confrontations de l'histoire de la voile et s'achèvera sur une victoire 4-3 du challenger (le président Reagan remettant la coupe à Alan Bond)… Une première dans l'histoire de l'America's Cup…

1990

Bertrand de La Giclais

DR SOMMEIL

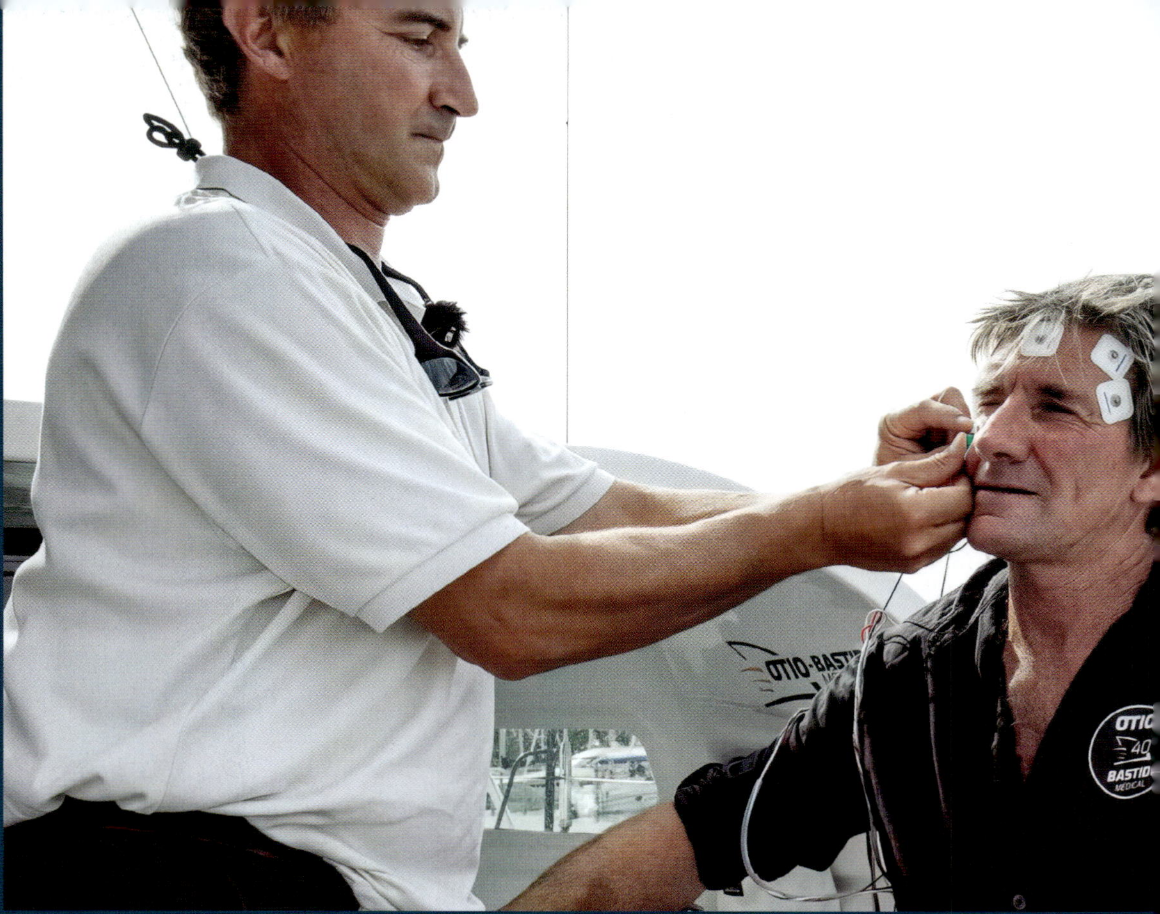

Les « portes de sommeil » : la méthode miracle qui aide les navigateurs à optimiser leur récupération

« Qui veut voyager loin ménage sa monture ; Buvez, mangez, dormez, et faisons feu qui dure. » Cet adage légendaire écrit en 1668 par Racine dans sa comédie *Les Plaideurs* devrait être placardé sur tous les navires de course au large. Bien s'alimenter, évidemment *(voir p. 48)*, et surtout bien dormir ! Une préoccupation qui n'a pas toujours semblé une priorité pour les navigateurs...

Survoltés par l'adversité, grisés par la vitesse, préoccupés par l'intégrité de leur bateau... les navigateurs en solitaire oublient souvent de... dormir ! C'est le cas en particulier sur la Solitaire du Figaro, dont l'intensité de la course peut transformer les concurrents en véritables zombies à l'arrivée...

Le manque de sommeil est à l'origine de deux « périls » dont les conséquences (principalement matérielles) peuvent être catastrophiques pour un skipper. Il y a d'abord ce que l'on appelle les « hallucinations hypnagogiques » : le cerveau embrumé par l'épuisement, le navigateur entend des voix et voit des choses qui n'existent pas...le second péril est l'« inertie du sommeil ». Dans ce genre de situation, le marin sombre dans un sommeil de plusieurs heures, qui n'est souvent interrompu que par un choc.

Exemple sur la deuxième étape du BOC Challenge 1994, avec Jean-Luc Van Den Heede qui, tirant des bords à 30 milles au large de la Tasmanie, s'est assoupi, l'étrave pointée vers la côte, et s'est réveillé échoué sur la plage ! Il y a aussi la mésaventure du Suisse Stève Ravussin, alors qu'il menait la Route du Rhum 2002, dont l'endormissement avait provoqué le chavirage du multicoque. Enfin, en 2016, il y a celle de Francis Joyon, qui, épuisé par son record de l'Atlantique nord, s'est échoué en rapatriant *Idec* en France : le bateau s'est fracassé contre les rochers de la pointe de Penmarc'h...

L'approche du sommeil a évolué... Aujourd'hui, on n'envisage plus le sommeil comme un obstacle, mais comme un élément constitutif de la performance. Et celui qui a tout changé dans ce domaine s'appelle Bertrand de La Giclais. Alors qu'il est interne dans le centre du sommeil du CHU de Toulouse, son patron lui propose d'étudier la gestion du sommeil dans la voile. On est en 1990. L'un de ses cousins, bien introduit dans le milieu des navigateurs, lui donne trois contacts : ceux de Florence Arthaud, Philippe Poupon et Laurent Bourgnon. C'est ce dernier qui va, le premier, mordre à l'hameçon ! « C'est génial, votre truc ! Quand puis-je venir à Toulouse pour que l'on commence ? », a-t-il répondu au docteur.

Bertrand de La Giclais (à gauche) en train d'équiper Kito de Pavant pour une séance d'enregistrement de son sommeil avant le Vendée Globe 2016.

Jusque-là, les marins avaient une connaissance empirique de leur sommeil : ils sentaient bien quand la fatigue les envahissait et leur faisait perdre leur lucidité, ils connaissaient approximativement leurs « créneaux » et allaient dormir seulement quand ils sentaient que la mer le leur permettait…

Un Canadien, Claudio Stampi, avait commencé à travailler sur le sujet : il avait distribué des questionnaires aux navigateurs, au début de la Transat anglaise, afin d'établir un agenda de sommeil… Bertrand de La Giclais est allé bien plus loin : se basant sur les premiers enseignements de Stampi, il a élaboré une méthode d'étude basée sur la polysomnographie. Méthode qui consiste à enregistrer les différentes phases de sommeil des marins en leur posant des électrodes sur la boîte crânienne (plus tard, il a même poussé ses recherches en faisant des prélèvements de mélatonine sur les navigateurs Fabrice Amedeo, Stéphane Le Diraison et Aymeric Chappellier).

Premier cobaye, donc : Laurent Bourgnon, talent ultra-précoce de la voile. Âgé de 21 ans, il termine 2e de la Mini Transat en 1987 ; l'année suivante, il remporte la Solitaire du Figaro à sa première tentative et poursuit avec la Lorient - Saint-Barthélemy - Lorient (en double) en 1989. Le navigateur suisse veut mettre toutes les chances de son côté pour surfer sur cette belle dynamique, alors il voit la sollicitation de Bertrand de La Giclais comme une formidable aubaine !

La suite, c'est Bertrand qui nous la raconte : « Nous sommes partis en mer en août, j'ai réalisé mes enregistrements et puis j'ai formalisé un brief à Laurent, qu'il a appliqué durant la Route du Rhum à la fin de l'année. Il s'est classé 3e derrière Arthaud et Poupon. Par la suite, on a testé Autissier avant sa participation sur le Vendée Globe, on a suivi Yvan (le frère de Laurent) sur la Mini Transat 1996. Tout ce travail nous a permis de démontrer que le sommeil polyphasique était rentable à condition d'être réalisé au bon moment (respecter la chronobiologie et s'adapter à l'environnement du navigateur). On a poursuivi notre collaboration avec Laurent durant les années 1990 et on est heureux de l'avoir aidé à réaliser le doublé sur la Route du Rhum 1994 et 1998 ! »

Le contenu du brief ? Chaque marin a des « portes de sommeil » qu'il ne doit pas louper. Ce sont des moments de la journée et de son activité où les chances de tomber rapidement dans le sommeil paradoxal ou lent-profond sont maximales… Pour un navigateur au long cours, l'objectif est de cumuler 4 heures de récupération sur 24 heures glissantes. Ce qui est possible avec ces portes de sommeil en trouvant six créneaux pour fermer l'œil 40 minutes…

La clé pour appliquer le protocole indiqué par le « Dr Sommeil » : « Il faut réussir son endormissement ! Pour cela, on demande aux navigateurs de respecter les horaires (les fameuses "portes"). La nuit, il faut tamiser la lumière ; le jour, mettre des lunettes de sommeil (comme dans les avions). Il faut ritualiser le coucher et se créer son petit confort : le bateau doit disposer d'un couchage ergonomique ; on recommande aussi au marin de retirer son ciré pour ne pas avoir trop chaud (Tabarly, lui, emportait son pyjama à bord !). Enfin, certains n'hésitent pas à faire de la sophrologie… »

Même si les marins ne sont pas très bavards sur ce genre de collaboration, les succès de Bourgnon ont vite mis en lumière Bertrand de La Giclais et sa méthode révolutionnaire… Le « Dr Sommeil » a été demandé partout et par tous : Olivier Panis (F1), Jo-Wilfried Tsonga, Jérémy Chardy et Gilles Simon (tennis), Gauthier de Tessières (ski) pour ne citer qu'eux… En voile, près de 80 skippers ont emboîté le pas de Laurent Bourgnon : Autissier ou Le Cam parmi les anciens, Clarisse Crémer ou Fabrice Amedeo pour les plus récents… Et Stève Ravussin aussi, qui a bien compris, après ce chavirage sur la Route du Rhum, qu'il ne fallait plus s'endormir au volant !

1996

VENDÉE GLOBE

Yves Parlier

MÂT-AILE & OUTRIGGERS

Les outriggers (barres obliques blanches partant du pied du mât-aile) qui ont équipé Aquitaine Innovations *durant le Vendée Globe 1996.*

L'« extraterrestre » fait jaser au départ du Vendée Globe

À l'image d'Éric Tabarly, Yves Parlier fait partie de ces marins qui ont marqué l'histoire de la voile par leurs qualités de visionnaires… Fins stratèges, efficaces à la manœuvre et surtout ingénieux dans la conception de leurs bateaux, ils ont introduit nombre d'innovations qui ont fait école…

Du côté de Tabarly, on fait évidemment référence à la saga des *Pen Duick* : une coque en aluminium et une quille profilée avec un bulbe sur *Pen Duick III*, des ballasts et une carène très évasée pour *Pen Duick V* – qui préfigurent les monocoques d'aujourd'hui –, les premiers foils sur un trimaran de compétition (le *Paul Ricard* – *voir p. 59*), sans oublier *Pen Duick IV*, un fabuleux trimaran avec lequel Tabarly introduit le principe d'un mât rotatif. Idée qui sera reprise par Yves Parlier en 1996…

Parlier qui, titulaire d'un diplôme d'ingénieur en matériaux composites et passionné de voile, met en application le sujet de son mémoire de fin d'études pour construire son propre bateau et breveter le tout premier mât en carbone ! À sa barre, il remporte, à 24 ans, la Mini Transat 1985. Six ans plus tard, il remporte la Solitaire du Figaro et hérite du surnom d'« extraterrestre » après avoir choisi des options météo particulièrement originales…

La suite est faite de hauts et de bas, comme si Parlier allait vivre un destin façon « 40es rugissants »… À la barre de *Cacolac* (ex-bateau de Christophe Auguin), il remporte le BOC Challenge et la Transat anglaise 1992. En revanche, peu après le départ du Vendée Globe, la même année, il démâte dans le golfe de Gascogne et doit réparer aux Sables – il finira quand même 4e de la course ! Parlier accroche aussi la Route du Rhum 1994.

Sous le crayon des architectes Jean-Marie Finot et Pascal Conq (quatre victoires dans le Vendée Globe et trois dans le BOC Challenge dans les années 1990 et 2000), l'année 1996 marque un tournant dans la conception des monocoques… À la recherche de performance, les skippers osent quelques audaces technologiques : Isabelle Autissier adopte la quille pendulaire sur son *PRB* tandis qu'Yves Parlier garde sa quille fixe et ses ballasts mais brevète le premier mât-aile rotatif soutenu par des outriggers… Des innovations qui sont désormais standardisées sur les IMOCA…

Audacieux et surtout résilient, Parlier enchaînera de nouveau deux désillusions sur le Vendée Globe : casse du safran et fin du tour du monde hors course en 1996 ; démâtage et poursuite héroïque sous gréement de fortune en 2000 *(voir p. 117)*. En revanche, côté « hauts », on peut citer, en 1997, sa victoire sur la Fastnet et celle de la Transat Jacques-Vabre en duo avec… Tabarly !

1996
VENDÉE GLOBE

Christophe Auguin

LE VENDÉE AVEC UNE QUILLE PENDULAIRE

Christophe Auguin à bord de Geodis lors du Vendée Globe 1996.

L'arme anti-gîte inventée par Pascal Conq en 1982

Lundi 17 février 1997, après 105 jours, 20 heures, 31 minutes et 23 secondes de mer, Christophe Auguin débarque en vainqueur au port des Sables-d'Olonne : il vient de remporter la troisième édition du Vendée Globe (son avance sur le deuxième, Marc Thiercelin, sera colossale : 7 jours et demi). Une victoire, conquise au terme d'une course dantesque émaillée de quelques drames *(voir p. 114)*, qui vient couronner un palmarès déjà très riche : la Solitaire du Figaro 1986 et deux BOC Challenge (1990-1991 et 1994-1995) avec six victoires d'étape ! Outre le talent indéniable du navigateur, la victoire d'Auguin sur ce Vendée 1996 peut être expliquée par une évolution technologique majeure apportée à son monocoque *Geodis* : la quille pendulaire...

Le principe fondamental d'une quille est de contrecarrer la force latérale du vent, ce qui limite la dérive du bateau et sa gîte. En déplaçant (grâce à des vérins commandés depuis le cockpit) le lest dans la direction opposée au vent, le skipper modifie le centre de gravité du bateau : la traînée hydrodynamique est réduite, le bras de levier (entre la force du vent et le lest) est accru, le mât est plus vertical et la surface de voile au vent est maximisée. Résultat : le bateau transforme beaucoup mieux le vent en vitesse. (Nota : sur un IMOCA, la quille mesure 4,50 m de haut et pèse jusqu'à 4 tonnes.)

On trouve la trace d'un premier brevet pour un dispositif à quille inclinable déposé par Douglas Beardy le 8 mai 1900. Au début du XXe siècle, Francis Herreshoff (fils du célèbre designer américain Nathanaël G. Herreshoff) a développé son propre prototype sur *Sailing Machine*, un sloop de course de 13,72 m. Ses écrits, rassemblés dans le livre *The Common Sense of Yacht Design* (publié en 1946), ont sûrement inspiré de nombreux marins, dont Jim Young. Le navigateur néo-zélandais fait partie de ceux que les historiens citent comme pionnier pour avoir doté son voilier (*Fiery Cross*), en 1959, d'une quille basculante.

En ce qui concerne la compétition nautique, le précurseur en la matière est français et se nomme Pascal Conq ! En 1982, il conçoit un premier prototype de quille pour son propre bateau (*Urgent*, jauge Micro), il devient architecte naval et rejoint le cabinet Finot, et il convainc Michel Desjoyeaux d'équiper son 6.50 d'une quille pendulaire pour la Mini Transat 1991. Cinq ans plus tard, on retrouvera sa technologie sur les IMOCA du Vendée Globe : le *Geodis* de Christophe Auguin et le *PRB* d'Isabelle Autissier...

2009

L'Hydroptère

LE CONCORDE DES MERS

Marseille, mai 2012 : Alphand, Parlier et Le Cam avec Thébaud à bord de L'Hydroptère *pour une séance d'entraînement.*

Le premier voilier à tutoyer les 100 km/h

Un hydroptère – du préfixe *hydro-* (du grec *ὕδωρ*, « eau ») et du suffixe *-ptère* (du grec *πτερόν*, « aile ») – est un type de bateau dont la coque s'élève et se maintient en équilibre hors de l'eau à partir d'une certaine vitesse grâce à des foils. *L'Hydroptère*, c'est le nom donné au bateau volant développé par Alain Thébault et précurseur des Ultim des années 2020...

Ce navire est pour Thébault l'histoire d'une vie, l'histoire de « sa » vie : brevet de moniteur à l'École nationale de voile de Quiberon en poche, il réalise à 22 ans, en 1984, le croquis d'un trimaran à foil et le montre chez Dassault Aviation, l'entreprise qui a aidé Éric Tabarly à construire le sien *(voir p. 59)*. Le grand navigateur, associé au projet, est enthousiasmé et s'investit avec Dassault. Une première maquette à l'échelle 1/3 voit le jour en 1991. Trois ans plus tard, le navire conçu par le cabinet VPLP est mis à l'eau et atteint déjà 35 nœuds ! Tabarly exulte !

En 1999, Thébault refuse les millions que Serge Dassault lui promet en échange de sa propre gloire... Son audace et l'ambition technologique du projet ont tapé dans l'œil de Jean-Luc Lagardère, qui l'appelle aussitôt : « Jeune homme, vous avez claqué la porte de Dassault ? Passez donc me voir. » Lagardère offre à Thébault son appui financier et surtout l'aide des ingénieurs de l'Aérospatiale de Nantes, seule usine capable de fabriquer des pièces de carbone de plus de 6 m (les foils latéraux). Les voiles, quant à elles, sont réalisées par le CNES (avec la même technologie que celle des ballons atmosphériques).

En 2005, piloté par un joystick, les coques à 5 m au-dessus de l'eau, *L'Hydroptère* traverse la Manche en 33 minutes (33,3 nœuds de moyenne). C'est 2 minutes de moins que Louis Blériot en 1909 en avion. Deux ans plus tard, Thébault bat le record de vitesse (détenu jusque-là par un véliplanchiste) sur un mille à 41,69 nœuds. Le 21 décembre 2008, au large de Port-Saint-Louis-du-Rhône, *L'Hydroptère* est le premier voilier à passer la barre mythique des 50 nœuds et s'offre même une pointe à plus de 100 km/h (61 nœuds) avant de planter son étrave dans l'eau et de faire un soleil ! L'année suivante, le bateau établit le nouveau record absolu de vitesse à la voile sur 500 m à 51,36 nœuds.

Le défi suivant ? Battre le record de la traversée San Francisco-Hawaii ! Thébault vend son appartement pour boucler le budget et recrute deux Top Gun de la voile (Le Cam et Parlier). Après deux échecs successifs en 2014 et 2015, *L'Hydroptère* finit hélas abandonné dans un port à Honolulu. Un crève-cœur pour les passionnés de voile... comme Gabriel Terrasse et Chris Welsh, qui rachètent ce « Concorde des mers » aux enchères en 2019 dans l'idée de le faire naviguer de nouveau...

Mélange entre une Formule 1 et une araignée d'eau : voici l'engin à voile le plus rapide sur l'eau.

« FOIL » HISTOIRE DE VITESSE

121,21 km/h : le record absolu de vitesse à la voile

L'être humain a toujours été attiré par les records de vitesse... L'éternelle aspiration à tutoyer les limites et à les repousser... 1 227,99 km/h sur terre (Thrust SSC en 1997), 3 529,6 km/h dans les airs (Lockheed SR-71 Blackbird en 1976 – largué par un B-52 en altitude, le North American X-15 a dépassé les 7 000 km/h en 1967). Sur l'eau, en 1978, une turbine a poussé le *Spirit of Australia* à 511,128 km/h. Mais avec la seule force du vent, les 100 km/h ont longtemps représenté un mur infranchissable... Et c'est le Français Alexandre Caizergues qui fut le premier à le dépasser : le 12 octobre 2010 à Lüderitz (Namibie), avec son kitesurf, il battait les 95,11 km/h (51,36 nœuds) réalisés un an plus tôt par *L'Hydroptère* d'Alain Thébault (voir ci-contre). Depuis le 24 novembre 2012, le record est détenu par le *Vestas Sailrocket 2* barré par l'Australien Paul Larsen : 500 m parcourus à 121,21 km/h (65,45 nœuds) au large de Walvis Bay (Namibie) !

Vaisseau futuriste, dessiné comme une « Formule 1 des mers » par Malcolm Barnsley, il est construit en 2011 à East Cowes sur l'île de Wight, là même où s'est déroulée la course fondatrice de l'America's Cup (voir p. 33) ! Pour ce doux rêve de vitesse, l'architecte naval britannique a combiné deux principes. Primo, la finesse aérodynamique et le rendement énergétique en optant pour l'architecture d'un prao – un type de voilier multicoque indonésien, dérivé des pirogues à balancier des îles de la Polynésie : excellente stabilité, ultra-légèreté et malgré tout une grande rigidité. Secundo, la sustentation, c'est-à-dire la capacité du bateau à ne plus être en contact avec l'eau pour supprimer la contrainte de traînée hydrodynamique... La solution ? Mettre des foils sous la coque et le flotteur !

Le foil : une idée du Britannique Thomas Moy, qui, en installant trois lames sous un canot, arrive en 1861 à le faire décoller de quelques centimètres ! C'est un Français, Emmanuel Farcot, qui a déposé les premiers brevets en 1869. En 1908, Alexander Graham Bell, l'inventeur du téléphone, travaillait déjà sur ce type d'engins. Il faut attendre les années 1950 pour que l'impact de cette invention se fasse sentir sur la voile, avec *Monitor* : Gordon Baker, le concepteur de cet hydrofoil, revendiquait des pointes à 65 km/h ! En France, Claude Tisserand ainsi que Roland Tiercelin ont, dès les années 1960, travaillé sur des voiliers volants. On ne peut finir ce récit sans évoquer *Objectif 100*, le prototype développé dans les années 1990 par Jean-Marie Finot, avec le soutien de Rhône-Poulenc, qui a certainement inspiré l'architecture du *Vestas Sailrocket 2*...

2013

COUPE DE L'AMERICA

Oracle Team USA

Oracle Team USA et Emirates Team New Zealand lors de la finale de la Coupe de l'America 2013.

LE MIRACLE DE SAN FRANCISCO

Oracle remporte la 34e édition sur le score de 9-8 après avoir été mené 1-8

Le terme de *course* n'a jamais mieux défini la Coupe de l'America que depuis le début des années 2010. Les régates se courent désormais à très haute vitesse – entre 70 et 80 km/h en moyenne, ce qui est incroyable pour des voiliers. Les équipiers sont casqués et communiquent entre eux via un système radio embarqué ; surentraînés, ils manœuvrent les winchs quasi en apnée... Les manches sont extrêmement disputées, les rebondissements et retournements de situation rendent les scénarios éminemment indécis et addictifs...

Illustration de ce propos avec la 34e édition de cette compétition séculaire organisée en 2013 dans la baie de San Francisco. D'un côté, Oracle Team USA, le *defender* du Golden Gate Yacht Club, de l'autre, Team New Zealand, le challenger du Royal New Zealand Yacht Squadron.

Les bateaux ? Des AC72 : à l'instar de la 33e édition, ce sont des catamarans. S'ils sont plus petits qu'en 2010 (72 pieds contre 90), ils reprennent le mât-aile et la voile rigide qui avaient permis au défi américain de battre les Suisses d'Alinghi. La grande différence ? L'apparition de foils rétractables qui transforment ces vaisseaux en hydroptères capables de dépasser les 45 nœuds ! Ces navires, à la pointe de l'aérodynamique et de l'hydrodynamique, ont la capacité de « sublimer » la vitesse du vent : ils vont 1,2 fois plus vite que lui au près et 1,6 fois au portant !

Revenons maintenant sur les conditions du *match race* de 2013. Il faut se souvenir que le défi américain, financé par Larry Ellison (devenu milliardaire avec sa société informatique Oracle), a été puni de 2 points de pénalité pour avoir triché (en apportant des modifications sur son AC45) lors des World Series organisées entre 2011 et 2013. Traduction : face au défi néo-zélandais, les deux éventuelles premières victoires des Américains ne leur rapporteront aucun point !

Les premières manches de la course, organisée dans la baie de San Francisco du 7 au 25 septembre, sont à sens unique. 0-1, 0-2, 0-3... Le score défile... Team USA se fait laminer... Même s'il annule sa pénalité en remportant deux manches, le 18 septembre, au terme de la onzième régate, le score est sans appel : Team New Zealand mène 8 à 1 ! Les Néo-Zélandais sont à une manche du trophée ! Mais un incroyable retournement de situation va se produire : les Américains, dos au mur, apportent quelques modifications à leur bateau et changent de tactique... C'est le début de la plus folle des remontadas de l'histoire de la Coupe de l'America... Huit manches, huit victoires de rang pour Team USA, qui va finir par l'emporter 9 à 8 ! Le « miracle de San Francisco »...

2021
COUPE DE L'AMERICA
AC75

Barcelone, mars 2023 : l'AC75 d'Alinghi Red Bull Racing se prépare pour la 37e édition de la Coupe de l'America.

Les régates de l'America courues comme des grands prix de F1 par des bateaux qui ne touchent plus l'eau !

Basilic vert ou lézard Jésus-Christ.

LE LÉZARD JÉSUS-CHRIST

B*asiliscus plumifrons* (ou « Basilic vert » en français). C'est le nom d'un iguane d'Amérique centrale qui a l'incroyable don de savoir courir sur l'eau ! Raison pour laquelle ce reptile est surnommé le « lézard Jésus-Christ »... Si nous évoquons cet animal dans un livre sur la voile, c'est parce que – selon nous – il incarne parfaitement la vision que nous inspire la nouvelle classe des bateaux conçus pour la Coupe de l'America depuis 2021 : les AC75. La 36e édition, remportée 7 à 3 par Team New Zealand contre les Italiens de Luna Rossa, marque le retour au monocoque, mais avec une carène absolument inédite : pas de quille, pas de lest et surtout des foils en T sur pivots et actionnés par un système informatique embarqué...

Les images de cette compétition sont ultra-spectaculaires : on y voit des vaisseaux de course dont la coque ne touche pas l'eau ! Impression visuelle basée sur l'absence de quille, mais due surtout au phénomène de sustentation qui fonctionne dès que les monocoques dépassent les 18 nœuds. Alors qu'ils sont portés par la fine lame d'une aile déployée dans l'eau (le foil sous le vent), ce sont quelques dizaines de centimètres de carbone qui soulèvent 3 à 4 tonnes jusqu'à 1,50 m au-dessus de l'eau et qui font accélérer le bateau au-delà de 40 nœuds !

Soyons lucides, les AC75 n'ont absolument rien à voir avec les merveilles de classicisme des débuts de la Coupe de l'America. Les monocoques à sustentation d'aujourd'hui sont en réalité une mutation génétique résultant d'une lente évolution des jauges. L'une des époques les plus marquantes de cette compétition est assurément celle de la domination de Nathanaël Herreshoff, dont les bateaux ont remporté cinq victoires d'affilée dans les années 1890 et 1900 *(voir p. 50)*. Il n'y avait alors quasi aucune limite dans la conception des bateaux, et cela a par exemple donné naissance au sublimissime *Reliance* (201 pieds de long) dessiné – justement – par Herreshoff. Il ne fallait pas moins de 30 marins pour manœuvrer le monstre...

Mais ce type de bateau coûtait tellement cher à faire fonctionner que pour la treizième édition (en 1920) les concurrents sont revenus à la raison avec une jauge dite « universelle ». On est ensuite passé aux Class J (de 1930 à 1937), puis aux 12mJI (de 1958 à 1987) et aux Class America (de 1992 à 2007). La 33e édition (en 2010) a opposé des multicoques. La 34e (en 2013) marque un tournant dans la conception des bateaux de l'America avec l'avènement des AC72 (catamarans à foils et aile rigide). Pour finir en 2021 avec un « double cataclysme » : la pandémie de Covid-19 et l'émergence des AC75, les fameux lézards Jésus-Christ...

SVR-Lazartigue et son fameux pont ultra-profilé – et sans cockpit apparent – lors de la Route du Rhum 2022.

NON HOMOLOGUÉ

La douloureuse naissance d'un bateau à l'aérodynamisme révolutionnaire

Une genèse compliquée, un accouchement dans la douleur, des différences que l'on pointe du doigt… Combien d'entrepreneurs, auteurs d'innovations de rupture, ont dû se battre bec et ongles pour que leur création puisse vivre… Exemple en voile avec François Gabart, pour qui il semble avoir été plus simple de remporter le Vendée Globe 2012-2013 et de conquérir le record du tour du monde en solitaire en 2017 que de mener à bien son projet d'Ultim.

Premier épisode : juin 2020, juste après le premier confinement du Covid-19, Gabart reçoit une lettre de la part de son sponsor historique (la Macif) qui lui annonce son retrait sur le programme Ultim… C'est une déchirure pour le navigateur, qui doit prendre des « décisions difficiles » vis-à-vis de ses collaborateurs chez MerConcept… Gabart multiplie les rendez-vous à Paris, en visio… Un intermédiaire envisage même de le présenter à Elon Musk ! C'est finalement le groupe de cosmétique breton Kresk qui mord à l'hameçon en mai 2021 et devient le sponsor principal de MerConcept via ses marques SVR et Lazartigue… Entre-temps, Gabart a poursuivi la construction de son Ultim, le bateau est mis à l'eau le 22 juillet 2021 et son rachat à la Macif par le groupe Kresk est entériné en août.

Bien né, l'Ultim *SVR-Lazartigue* s'illustre déjà en novembre en se classant 2e de la Transat Jacques-Vabre. Gabart, associé à Tom Laperche, finit la course seulement 53 minutes derrière le duo Le Cléac'h-Escoffier. Un duel pour le podium qui était si serré après plusieurs jours de course que Gabart s'est amusé à filmer *Banque populaire XI* évoluant à une vingtaine de longueurs à tribord…

À la grande surprise du plateau des skippers, *SVR-Lazartigue* était donc déjà très compétitif. Peut-être « trop » (!)… Pourquoi cette affirmation ? Car fin 2021 l'écurie de François Gabart n'a pas obtenu l'homologation de la classe Ultim, celle-ci devant lui permettre de s'inscrire à la Route du Rhum 2022… En cause, les options aérodynamiques radicales prises par l'équipe de design du vaisseau… Il semblerait qu'il était interdit de positionner le cockpit sous le pont, or c'est justement ce que Gabart avait imaginé, aidé dans la conception par les équipes 3D de Dassault Systèmes… Le gain était certain : on parlait d'une amélioration de l'écoulement de l'air de 70 %… Gabart et le groupe Kresk (qui avait investi 20 millions d'euros sur quatre ans) ont choisi de porter l'affaire devant les tribunaux et obtenu gain de cause. Et sur la Route du Rhum 2022, seul le *Maxi Edmond de Rothschild* de Caudrelier s'est montré plus rapide que *SVR-Lazartigue*…

2023
VIRTUAL REGATTA

Basile Buisson

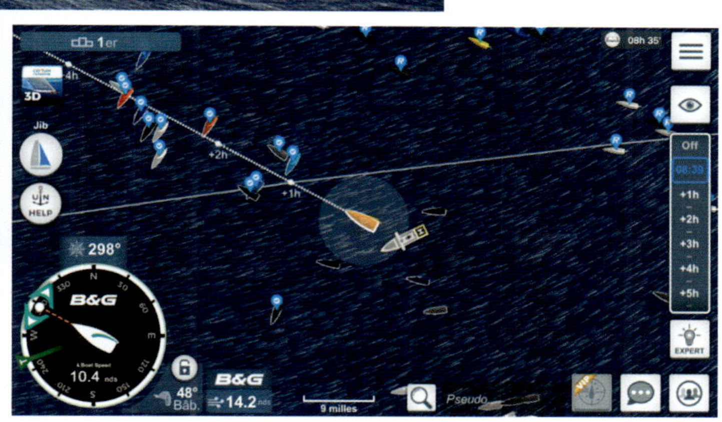

Captures d'écran du jeu Virtual Regatta.

DU VIRTUEL AU RÉEL

Il gagne sa sélection à la Transat Jacques-Vabre sur *Virtual Regatta* !

Qui aurait pu croire que la voile pourrait se pratiquer à travers un jeu vidéo ? Plaisanciers et sportifs vous diront que la voile, c'est la houle, les embruns, le gros vent, le bateau qui gîte, les quarts de nuit, l'horizon à l'infini... Les gamers vous répondront qu'il faut vivre avec son temps ! Et ce n'est pas Philippe Guigné qui vous dira le contraire !

L'ancien navigateur professionnel, notamment vainqueur du Tour de France à la voile en 1997, sent le filon du jeu vidéo et fonde en 2002 sa société d'édition de jeux de simulation. Foot, tennis, rugby, cyclisme ou encore 24 Heures du Mans : les terrains d'expression sont nombreux ! Mais c'est *Virtual Regatta*, le jeu de voile qu'il a lancé en 2006, qui va, de loin, faire un énorme carton.

Un modèle économique en « *free to play* » (on peut jouer gratuitement et on paie pour étoffer son bateau avec diverses options). Le jeu est décliné sur les principales courses au large, avec comme événement phare le Vendée Globe. En 2020, dopé par la pandémie de Covid-19, le jeu en ligne a connu une attractivité record, avec plus d'un million de participants, parmi lesquels trois anciens vainqueurs (Le Cléac'h, Gabart et Riou), ainsi que Loïck Peyron !

Du virtuel au réel, il n'y avait plus qu'un pas à franchir... C'est ce qu'a fait Philippe Guigné en 2021 en lançant un challenge la veille du départ de la quinzième édition de la Transat Jacques-Vabre. L'idée : permettre à un joueur de *Virtual Regatta* de courir la seizième édition de la légendaire transat en double avec un skipper professionnel !

Le processus de sélection va durer un an et demi : 10 000 joueurs ont postulé, 1 000 ont été retenus pour participer à une course virtuelle qualificative. 216 l'ont finie... 73, puis 20, puis 10 : la liste de candidats s'est réduite par vagues de filtrage successives. Le nom de l'élu est révélé au terme d'une ultime étape (un stage de préparation au Havre) : il s'agit de Basile Buisson.

Officier de marine marchande âgé de 34 ans, Basile fera équipe avec Kieran Le Borgne. Ils vivent ensemble un premier galop d'essai durant l'été 2023 en finissant 16es de la Fastnet (catégorie Class40). Il faut noter aussi que leur bateau, même s'il a déjà 14 ans, est celui avec lequel Thomas Ruyant a remporté la Route du Rhum 2010 en Class40 !

Finalement, après deux ans d'un long et difficile processus, Basile a fini par accomplir sa « destinée » : lui et Kieran ont terminé la Transat Jacques-Vabre 2023 en 22 jours, 12 heures, 19 minutes et 7 secondes (à une anecdotique trentième place). Au fait, savez-vous quel était leur sponsor ? Un comble pour un navigateur : Google Chrome !

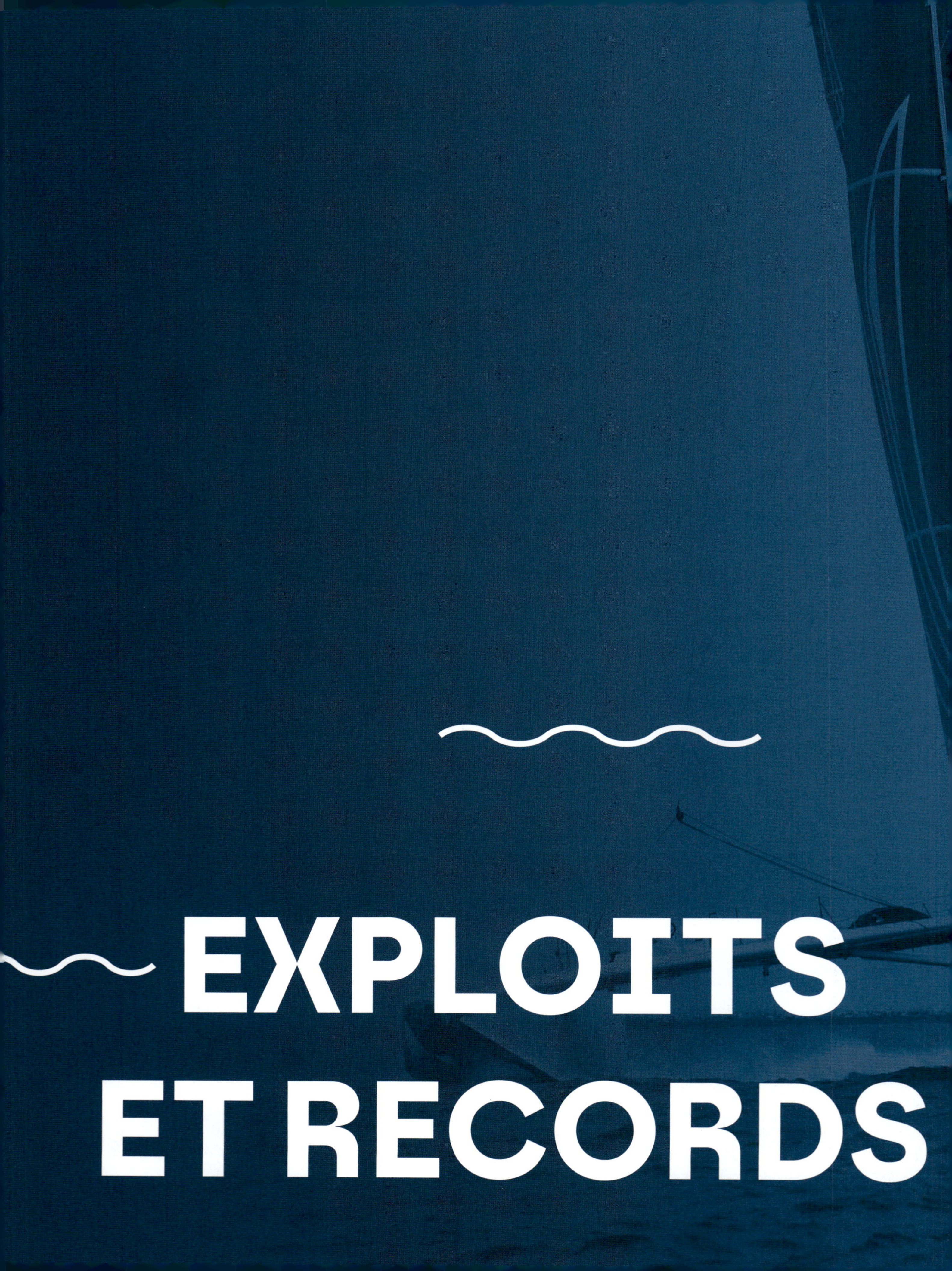

EXPLOITS ET RECORDS

1866

James
Gordon Bennett

LE PIONNIER DE L'ATLANTIQUE

Aux origines du record de l'Atlantique : de New York au cap Lizard toutes voiles dehors !

L'Henrietta de James Gordon Bennett.

Le record de l'Atlantique fait partie des musts que tout grand skipper rêve de conquérir un jour... Version ouest-est, la plus grisante car la plus rapide : partir de New York, déclencher le chrono au passage du phare d'Ambrose puis filer à toute allure jusqu'au cap Lizard, à la pointe sud de la Cornouailles... Un sprint océanique de 2 880 milles (5 330 km). Ou version est-ouest : départ de Cadix et arrivée à San Salvador. Un parcours plus long, 3 884 milles (7 193 km), appelé « Route de la Découverte » en hommage au périple exploratoire de Christophe Colomb en 1492 *(voir p. 12)*...

Le premier temps de référence dans le sens ouest-est fut établi en décembre 1866 par l'*Henrietta*, la goélette de 107 pieds et 205 tonnes de James Gordon Bennett Jr. Le garçon, né en 1841 à New York, est le fils homonyme du fondateur du journal *The New York Herald*. La famille gravite dans un milieu américain archi-aisé, celui des Vanderbilt, Du Pont et Astor, qui affichent leur richesse à coups de luxueux yachts, de trains privés ou de somptueux manoirs... Passionné de voile, James Gordon Bennett Jr. sera, entre autres, le plus jeune commodore du New York Yacht Club...

Après avoir un temps mis l'*Henrietta* au service de la marine américaine pendant la guerre civile, Gordon Bennett l'utilise pour faire du « yachting ». C'est-à-dire : naviguer pour le plaisir et se mesurer à d'autres navires dans le cadre de régates... Exemples pour Gordon Bennett à l'automne 1865 contre le *Fleetwing* de George et Franklin Osgood et contre le *Vesta* de Pierre Lorillard IV. Deux courses qui se soldent par des défaites !

Le jeune homme de 24 ans ne met pas longtemps à se « refaire la cerise » : un an plus tard, en décembre 1866, les mêmes trois navires s'affrontent dans une nouvelle compétition, et quel défi ! Annoncée comme « *the Great Ocean Yacht Race* », la course consiste en une traversée de l'Atlantique entre le phare de Sandy Hook (New Jersey) et les Needles, des aiguilles de craie à la pointe ouest de l'île de Wight, là où est née la Coupe de l'America *(voir p. 33)*... Tel un pari, chacun a mis 30 000 dollars au pot : le vainqueur raflera 90 000 billets !

Sportivement, cette course est, dans l'histoire de la voile, la première des épreuves transatlantiques. Elle fait d'ailleurs figure de pionnière dans les courses au large... Humainement, la nature va se montrer intransigeante et impitoyable : un gros coup de vent, une déferlante sur le pont du *Fleetwing*, et d'un seul coup la mer a emporté six marins...

Ignorant le drame, Gordon Bennett ne se fait pas prier pour prendre une double revanche sur ses compagnons de régate : il touche l'île de Wight le premier, au bout de 13 jours, 21 heures et 55 minutes de mer... Le *Fleetwing* et le *Vesta* mettront plus de 14 jours. Grâce à cet exploit, Gordon Bennett aura l'honneur de recevoir une invitation personnelle à rencontrer la reine Victoria le 1er janvier 1867 à Osborne House...

Après avoir défrayé la chronique outre-Atlantique avec un scandale qui a mis fin à ses fiançailles, l'homme d'affaires s'installera à Paris et sera à l'origine de nombreuses compétitions internationales fondatrices de nouvelles disciplines de pilotage (aviation, nautisme, course automobile) auxquelles il donnera son nom.

En ce qui concerne la traversée de l'Atlantique, on n'a commencé à véritablement parler de « record » qu'en 1905, près de 40 ans plus tard : le Kaiser Guillaume II avait mis en jeu une coupe en or massif qui devait

James Gordon Bennett.

récompenser le plus rapide d'une flotte de onze voiliers allemands, américains et britanniques sur un parcours entre New York et le cap Lizard…

La réponse fut donnée de façon cinglante par l'*Atlantic*, magnifique goélette commandée par Wilson Marshall au chantier naval de Townsend & Downey à New York. Le vaisseau était doté d'une longue coque noire en acier de 185 pieds (56,39 m) et de trois mâts culminant à 45 m au-dessus de l'eau. On pouvait hisser jusqu'à 1 750 m² de voilure grâce à 36 winches (mus par deux centrales à vapeur)… Malgré la recherche de performance, aucun compromis n'a été fait sur le confort, bien au contraire : l'intérieur était incroyablement luxueux, entre bois d'acajou et réfrigérateurs… À bord, cinq cabines, dont deux doubles, un salon-salle à manger splendide, une table à cartes immense, et pour la toilette, vous pouviez compter trois grandes salles de bains, dont celle du propriétaire, qui disposait… d'une baignoire !

Pour cette course, Marshall avait choisi le meilleur capitaine d'entre tous à l'époque : l'imbattable Charlie Barr ! Trois fois vainqueur de la Coupe de l'America (en 1899, 1901 et 1903 – *voir p. 79*), il dirigea d'une main de maître la cinquantaine d'hommes de son équipage pour rallier le cap Lizard en 12 jours, 4 heures, 1 minute et 19 secondes (avec, au plus rapide de la traversée, une distance de 341 milles parcourus en 24 heures, soit 14,1 nœuds de moyenne).

Vu de notre lucarne du XXIe siècle, alors qu'on est passé sous les 4 jours en 2009 avec l'incroyable maxi-trimaran *Banque populaire V* piloté par Pascal Bidégorry et douze membres d'équipage (*voir p. 89*), ces traversées de 12 ou 13 jours paraissent bien lentes… À l'époque, on parlait pourtant déjà de courses de vitesse, de régates et de records…

Il a d'ailleurs fallu attendre 75 ans pour que le record de Charlie Barr soit à son tour battu ! L'auteur de ce « délit » n'est autre qu'Éric Tabarly ! En 1980, à la barre du *Paul Ricard*, le premier trimaran à foils de l'histoire de la voile de compétition (*voir p. 59*), Tabarly a flirté avec les 10 jours.

1899
COUPE DE L'AMERICA

Sir Thomas Lipton

Sir Thomas Lipton.

LE MILLIARDAIRE POULIDOR DE LA VOILE

Les yachts Columbia *et* Shamrock*, concurrents de la Coupe de l'America en 1899.*

Cinq participations et seulement deux manches gagnées sur dix-sept

Bien avant l'émergence du sport automobile, le yachting fut l'un des premiers sports dits « capitalistiques » : construire un navire compétitif – de véritables « cathédrales des mers » – était tellement coûteux que seule une élite faite d'aristocrates et de nouveaux riches était capable d'investir les sommes nécessaires... Parfaite illustration de ce propos avec quelques participants prestigieux de la Coupe de l'America : le baron Bich, Harold (fils de Cornelius) Vanderbilt, et surtout sir Thomas Lipton...

Fils d'émigrés irlandais – des paysans protestants ayant fui la Grande Famine –, Thomas est né en 1848 à Glasgow (Écosse). N'éprouvant aucun intérêt pour l'école, il interrompt prématurément ses études (à 10 ans), aide ses parents dans leur épicerie, enchaîne les petits boulots et décide même de visiter le Nouveau Monde à 17 ans ! Une expérience dont il retiendra le sens particulier des Américains pour les affaires et pour ce que l'on appellera plus tard le marketing... De retour en Écosse, il fait fortune en développant son propre réseau d'épiceries et surtout en construisant un véritable empire du thé...

Quel lien entre Lipton et la voile ? Réponse : depuis la création de l'America's Cup en 1851, nul navire britannique n'est parvenu à rapporter la coupe à la maison ! L'histoire dit que c'est le prince de Galles (futur roi Édouard VII) qui aurait soufflé à Lipton de se lancer dans la compétition... Sentant l'opportunité de développer son empire du thé aux États-Unis, l'homme d'affaires va construire cinq navires successifs, de *Shamrock* à *Shamrock V*. Cinq voiliers, cinq tentatives et cinq défaites : 1899, 1901, 1903, 1920 et 1930 pour une dernière participation à plus de 80 ans ! Lipton est passé tout près de la victoire en 1920, son *Shamrock IV* avait remporté les deux premières manches – les seules victoires, d'ailleurs, sur les 17 manches auxquelles ses bateaux ont pris part ! La faute notamment à deux personnages qui avaient associé leur génie, Nathanaël Herreshoff (l'architecte naval) et Charlie Barr (le skipper) : trois victoires rien qu'à eux deux *(voir ci-contre)*...

S'il n'a jamais gagné, Lipton – véritable « Poulidor de l'America's Cup » – a su se faire apprécier des Américains, à tel point que, suite à sa dernière défaite en 1930, l'acteur Will Rogers lançait une souscription en une du *New York Times* pour l'achat d'une coupe « encore plus grosse que celle que sir Thomas Lipton aurait pu gagner » et suggérait d'y graver au nom de tous ses amis « Au plus malchanceux des yachtmen et au meilleur des perdants, sir Thomas Lipton, vous êtes un bienfait pour l'humanité, vous avez rendu glorieuse la défaite. »

Reliance *(devant)* et Shamrock III *au départ de la Coupe de l'America en 1903.*

1903
COUPE DE L'AMERICA

Charlie Barr

Une incroyable série de trois victoires d'affilée sur la Coupe de l'America

AMERICA FIRST !

Napoléon Bonaparte (1,69 m), Winston Churchill (1,67 m), Voltaire (1,60 m), Prince (1,60 m), Youri Gagarine (1,57 m)… Cette liste que nous pourrions étendre à l'infini montre que le talent peut être immense même quand la taille reste « modeste » ! Confirmation en voile avec le skipper écossais Charlie Barr (1,60 m).

Date de naissance : 11 juillet 1864. Lieu de naissance : Gourock (Écosse). De premiers boulots comme apprenti épicier puis comme pêcheur. Et c'est à l'âge de 20 ans que le jeune Charlie se découvre une vocation, en accompagnant son frère aîné, John, qui doit livrer le voilier *Clara* en Amérique. John montre à cette occasion un véritable talent de navigateur. Aussi, en 1887, lors de la septième édition de la Coupe de l'America, se voit-il proposer par le Royal Clyde Yacht Club l'opportunité de barrer *Thistle*, le challenger écossais, contre *Volunteer*, le *defender* américain. Le petit frère est à bord et engrange de l'expérience pour la suite…

Elle sera formidable et radieuse… cette suite : Charlie émigre aux États-Unis et les frères Barr font la rencontre de Nathanaël Herreshoff, l'un des plus brillants architectes navals de l'histoire du yachting *(voir p. 50)*. Celui qu'on appelle le « sorcier de Bristol » a notamment conçu chacun des cinq voiliers engagés par le New York Yacht Club dans la Coupe de l'America entre 1893 et 1920 : *Vigilant* (1893), *Defender* (1895), *Columbia* (1899 et 1901), et deux merveilles que sont *Reliance* (1903) et *Resolute* (1920).

De la même manière qu'on aura un duo de légende chez Ferrari en F1 entre Ross Brawn (l'ingénieur) et Michael Schumacher (le pilote), Herreshoff a formé une paire en or avec Charlie Barr : Herreshoff au crayon, Barr à la barre… Le tout concrétisé par une domination incontestée sur la Coupe de l'America : barreur attitré du *defender* américain, Charlie Barr a aligné trois victoires d'affilée (1899, 1901 et 1903) contre les bateaux du milliardaire du thé sir Thomas Lipton *(voir ci-contre)* !

La recette du succès ? Évidemment, la qualité du voilier y est pour beaucoup… Mais il faut aussi être un bon stratège et surtout un grand meneur d'hommes ! Et, à ce jeu-là, le « petit » Charlie savait y faire : il faisait régner la terreur à bord ! La légende raconte que, en 1905, lors de la Coupe du Kaiser qu'il a gagnée et où il a établi – avec l'*Atlantic* – le premier temps de référence de la traversée de l'Atlantique *(voir p. 77)*, il avait cadenassé les drisses pour éviter que les marins ne réduisent la voilure ! Il aurait même enfermé le propriétaire du bateau – Wilson Marshall – dans la cabine parce que ce dernier trouvait que son voilier était trop toilé !

1964
TRANSAT ANGLAISE

Éric Tabarly

L'IDOLE DES HOULES

Newport, 18 juin 1964 : Éric Tabarly à bord de Pen Duick II, vainqueur de la deuxième édition de la Transat anglaise.

Avec sa saga des *Pen Duick*, Tabarly écrit les premières grandes histoires de la voile tricolore

Éric Tabarly est à l'origine de la plus belle saga du nautisme sportif : collectionnant les victoires sur des courses prestigieuses, il a contribué à la grandeur sportive de la France des années de Gaulle…

Ce marin hors pair est le père des *Pen Duick* : six bateaux, jusqu'à un projet d'hydroptère, véritables jalons dans l'histoire de la course à la voile. Officier marinier pilote dans l'aéronautique navale puis capitaine de vaisseau, écrivain prolixe aussi, ce Breton était un véritable touche-à-tout. L'expérience de plusieurs vies lui a permis de faire avancer le nautisme à pas de géant, notamment en adaptant ses connaissances aérodynamiques à la construction de ses navires de course.

L'histoire intime de Tabarly avec *Pen Duick* commence en 1956, quand son père, Guy, décide de se séparer de ce vieux gréement de 1898, dessiné par William Fife. Le bateau, dans la famille depuis 1938, ne naviguait plus depuis 1947. Éric s'oppose à son père et entreprend de le rénover… Seulement, *Pen Duick* s'avère irréparable… Qu'importe, le jeune homme se sert de la coque initiale comme moule, reconstruit son bateau avec une toute nouvelle coque intégralement en polyester et l'engage dans des courses à partir de 1960 ! Et afin qu'il puisse participer régulièrement à des courses transatlantiques, il est mis en détachement spécial par la marine nationale.

C'est le début d'une formidable épopée pour cet immense marin. En quinze ans, il donne cinq frères à *Pen Duick*, chacun ayant ses caractéristiques propres, et conquiert à leur barre un riche palmarès de courses au large et de records.

Première ligne (de ce palmarès) et non des moindres : la victoire de Tabarly, en 1964, dans la deuxième édition de la Transat anglaise. N'ayons pas peur des mots : le petit Breton a plongé dans le grand bain de la compétition à la voile de la plus belle des façons ! Il a d'abord commencé par se donner les « moyens » en faisant construire *Pen Duick II* dans les chantiers de La Trinité-sur-Mer, navire qui était à l'époque le plus grand monocoque jamais barré en solitaire. Et il a obtenu des « résultats » en remportant la course en 27 jours, avec 3 jours d'avance sur le vainqueur sortant, sir Francis Chichester (voir p. 34).

Éric Tabarly sur le pont de Pen Duick II, victorieux après 27 jours de course.

Vu de notre lucarne des années 2020, on imagine difficilement le retentissement de cet exploit, mais cette victoire est tout pour la voile française : la révélation d'un jeune talent, mais aussi la fierté de défaire les Britanniques sur les océans, dans une course qui est peut-être la plus difficile à l'époque !

Trois ans plus tard, en 1967, Tabarly fait encore plus fort : il entame l'année tambour battant en gagnant la déjà mythique Sydney-Hobart et poursuit en remportant le championnat du RORC – le Royal Ocean Racing Club, club nautique fondé au Royaume-Uni en 1925, qui est l'organisateur des plus grandes courses au large de l'époque. Manque de pot pour les sujets de Sa Majesté la reine Élisabeth II, Tabarly et ses coéquipiers vont tout rafler (ou presque) cette année-là : la Morgan Cup, la Channel Race, la Gotland Race, Plymouth-La Rochelle ou encore La Rochelle-Bénodet, et surtout la célèbre Fastnet (au temps compensé).

Qu'elles soient côtières ou hauturières, les courses organisées par les Britanniques sont – à l'époque – un must. Comme on disait : « *Britannia, rule the waves !* » Il ne faut pas oublier qu'ils sont les précurseurs en matière de yachting *(voir p. 32)* et que les Français n'ont pas encore inventé la Route du Rhum *(voir p. 40)* ou le Vendée Globe *(voir p. 42)*...

Participer à une course au large du RORC passait donc « au-dessus de tout »... même au-dessus d'une sollicitation du président de la République ! Anecdote véridique racontée dans le hors-série des 55 ans du magazine *Bateaux* : en cette année 1967, Éric Tabarly a refusé une invitation à déjeuner du général de Gaulle pour pouvoir participer aux régates de l'Admiral's Cup ! La marée n'attend pas, dit-on... Pas vexé pour un sou, le président français a pris sa plume pour réitérer en personne son invitation à Tabarly : « Monsieur, j'espère que cette fois-ci, la marée le permettant, vous pourrez participer au déjeuner prévu pour le 20 octobre. »

Dans le palmarès de Tabarly, il faut reconnaître que la Transat anglaise tient une place de choix, car, douze ans après sa brillante victoire de « néophyte », le navigateur s'est permis de remporter une seconde victoire, celle de la maturité et du caractère... Victime d'une panne de son pilote automatique, il a démontré que sa force de caractère pouvait dépasser les technologies et la folie des grandeurs du *Club Méditerranée* imaginé et construit par Alain Colas pour remporter cette course *(voir p. 60)*.

Quelques mois plus tard, en juin 1977, un autre président, Valéry Giscard d'Estaing, a jugé bon de promouvoir Tabarly au grade d'officier de la Légion d'honneur. Un sondage réalisé par le quotidien sportif *L'Équipe* va le classer en tête des sportifs les plus populaires, devant Eddy Merckx, Niki Lauda et Johan Cruijff. Mais lui, l'humble, le pudique, est loin de prendre la grosse tête, et nombreux sont les marins encore aujourd'hui qui se revendiquent de son école : les Kersauson, Pajot, Lamazou, Poupon, Desjoyeaux, Le Cam... qu'il a pris sous son aile comme équipiers ou apprentis. Tabarly savait partager sa passion et son savoir-faire.

À propos de partage et d'héritage, nous pourrions finir notre récit par l'évocation de sa dernière victoire, en 1997, dans la transat de la Route du Café en duo avec Yves Parlier... Le lien qui les unit ? Leur génie d'ingénierie ! Tous les deux ont développé quantité d'innovations qui ont fait école depuis *(voir p. 59 et 66)*...

On ne peut jamais dire qu'une mort est belle, mais celle de Tabarly est symbolique, car le premier héros de la voile tricolore a disparu à bord de son bateau emblématique... *Pen Duick*. C'était en mer d'Irlande dans la nuit du 12 au 13 juin 1998, au large du pays de Galles. Tabarly convoyait son navire en équipage pour un rassemblement de voiliers construits sur plans Fife en Écosse. Il n'avait pas besoin d'une telle fin pour être une légende des mers...

LA LONGUE ROUTE

Le « vagabond des mers du Sud » renonce à la victoire et poursuit vers Tahiti !

La plupart d'entre nous projettent l'immensité des océans comme un gigantesque territoire de liberté… Celui qui en a le plus profité est peut-être bien Bernard Moitessier, lui qui se surnommait – à juste titre, vous allez voir – le « vagabond des mers du Sud »…

Bernard naît le 10 avril 1925 à Hanoï, qui est à l'époque une cité de l'Indochine française. Son papa, un diplômé d'HEC, compte sur lui, l'aîné de cinq enfants, pour reprendre son entreprise d'import-export. Mais à son grand désarroi, ce n'est pas du tout la vie que le fiston veut mener ! Bernard, en réalité, est tout l'opposé de son père, altermondialiste et voyageur, autodidacte et bricoleur… Incorporé à l'armée pendant la guerre civile, il manquera exprès de précision au moment de tirer sur l'ennemi…

Son histoire avec la mer débute en 1951, quand il part de Saïgon pour voguer jusqu'à Sumatra… Moitessier ne sait même pas se servir d'un sextant et le *Snark* – sa première jonque – est mal étanchéifié ! À son retour, il en récupère ce qui est réutilisable et arme une nouvelle jonque – la *Marie-Thérèse* –, avec laquelle il repart vers l'ouest. Après avoir franchi le détroit de Malacca, bloqué par la mousson, il tire des bords quasi parallèles avant de retrouver les alizés en direction des Seychelles… Nouvel écueil, nouvelle expérience : Moitessier s'échoue en pleine nuit dans l'archipel de Diego Garcia ; il est rapatrié à l'île Maurice, où il va vivre trois ans de petits boulots et construire un nouveau voilier (la *Marie-Thérèse II*) pour naviguer jusqu'aux Antilles, sur l'île de Saint-Vincent, où il s'échouera après trois nuits sans sommeil…

Des voyages, des naufrages, des rencontres : une vie de hauts et de bas pour un homme qui n'a voulu que ça ! Quand Moitessier débarque à Paris en 1958, un journaliste lui conseille de partager ce qui est déjà une épopée dans un livre… Les ventes de l'ouvrage lui permettent alors de préparer les plans d'un bateau qu'il appellera *Joshua* (en hommage à Slocum, le premier circumnavigateur en solitaire – *voir p. 17*). Une coque en acier de 14 m de long, un poids estimé à 13 tonnes… Un fabricant de pelles mécaniques lui propose de le construire au prix de revient ! En 1963, ainsi armé, Bernard repart en mer avec sa femme pour une grande boucle jusqu'à Tahiti en passant par le canal de Panama à l'aller et… le cap Horn au retour !

Naturellement, le pallier suivant, c'est le tour du monde intégral, en solitaire et sans escale : Moitessier fait partie des neuf conquérants de l'impossible à prendre le départ du premier Golden Globe en 1968… Parti de Plymouth le 22 août, il va couvrir 150 à 160 milles par jour, franchir les caps de Bonne-Espérance, Leeuwin et Horn… et puis prendre une décision absolument déconcertante : alors que son rythme est censé lui assurer la victoire, Moitessier choisit de ne pas rentrer en Europe et de poursuivre sa route jusqu'à Tahiti ! « Je continue sans escale vers les îles du Pacifique parce que je suis heureux en mer, et peut-être aussi pour sauver mon âme », expliquera-t-il plus tard dans *La Longue Route*, le livre qui relate ce tour du monde…

Bernard n'est pas un compétiteur, il vogue sur les océans par pur plaisir, pour assouvir son irrépressible besoin de liberté… La destination n'est pas un but en soi, c'est le fait de voyager qui l'est intrinsèquement… En attestent ses innombrables périples ! Et le plus important, c'est d'être en harmonie avec lui-même, avec ce qu'il fait, avec son environnement… Le reste importe peu ! Il vit donc ces aventures pour lui, et puis les raconte à travers des livres qui ont fait le bonheur de son éditeur, Jacques Arthaud !

Bernard Moitessier, hirsute, débarque le 25 juin 1969 à Tahiti après un tour du monde… et demi !

Photo du Joshua prise le 23 mars 1969, au cours du périple de Moitessier.

Pour être complètement libre, n'avoir de comptes à rendre à personne, le concurrent du Golden Globe choisit d'ailleurs de prendre le départ du challenge sans l'équipement radio qu'impose le *Sunday Times* ! Ainsi, le vagabond se rend inaccessible et injoignable durant toute son aventure autour du monde !

Mais ne pas embarquer de radio ne veut pas dire « ne pas communiquer » : en effet, dès qu'il le peut, Moitessier réussit à transmettre des informations à son entourage. La méthode est cocasse : pour se faire remarquer des cargos et des chalutiers, il arbore en permanence les trois pavillons M, I et K, qui signifient « je veux communiquer, j'ai des informations à vous remettre ». Si cela ne suffit pas, il a un lance-pierre avec lequel il vise le bateau approchant… Une fois le contact établi, il rassemble des films, enregistrements audio, extraits du journal de bord et lettres dans une bouteille en plastique attachée à un radeau miniature ! C'est comme ça qu'au large du Cap l'aventurier épris de liberté fait passer le message qu'il ne rentre pas à Plymouth…

Et Moitessier disparaît de nouveau des radars durant quatre mois. Ayant hésité un temps à rejoindre les Galápagos, le Français jette finalement son dévolu sur Tahiti, où il touche terre le 21 juin 1969, après 300 jours de mer. Ainsi, après avoir passé deux fois le cap de Bonne-Espérance, deux fois le cap Leeuwin et une fois le cap Horn, le « vagabond des mers du Sud » termine le plus long voyage en solitaire et sans escale de l'histoire : 37 455 milles (soit 69 367 km)…

Timothy Coleman pousse Crossbow à la limite pendant une course chronométrée à travers le port de Portland lors de la Semaine de la vitesse de Weymouth.

L'IVRE DES RECORDS

Les origines insolites de l'institution qui homologue les records de vitesse à la voile

WSSRC pour World Sailing Speed Record Council. Les conditions sont simples : sans cet organisme, aucun record de vitesse à la voile ne peut être officialisé, aucune performance ne peut même être enregistrée... Exemple très concret avec les 880 milles parcourus par Charles Caudrelier qui convoyait son bateau vers la France après sa victoire sur la Transat Jacques-Vabre 2021 : cette performance n'a pu être homologuée par le WSSRC faute de matériel « adéquat » embarqué à bord...

L'organisme en question – le WSSRC – est né en 1972 et les raisons de sa création sont particulièrement insolites : tout est parti de la revendication d'une entreprise de peinture qui se vantait en 1972 d'avoir appliqué une peinture spéciale (en graphite) sur la coque du bateau le plus rapide du monde. Cette peinture avait pour intérêt de réduire la « traînée » de la coque. Et, grâce à elle donc, le *Lady Helmsman* (un catamaran de classe C) aurait vogué à 30 nœuds ! Pouvoir s'enorgueillir d'un record du monde est, pour une entreprise, la garantie d'une renommée internationale et d'un chiffre d'affaires assuré !

Agacé par ces déclarations, Bernard Hayman, le rédacteur en chef du magazine *Yachting World*, a demandé à cette entreprise comment la vitesse avait été mesurée. La réponse fut un poil farfelue : « Eh bien, cher monsieur, grâce à une voiture qui roulait à 55,5 km/h le long de la promenade de Southend-on-Sea *[Angleterre]* ! » Ce procédé pour le moins approximatif a incité le magazine à imaginer une compétition consacrée aux records de vitesse...

L'organisation de cet événement fut confiée à la Royal Yachting Association. Le format du record : un sprint de 500 m. Le site : la baie de Portland (Angleterre). Le premier à détenir le record absolu de vitesse à la voile : Timothy Colman, à la barre de *Crossbow* (un catamaran asymétrique de 60 pieds), avec une vitesse de 26,30 nœuds. C'est d'ailleurs le même type de voilier (un prao) qui a récupéré ce fameux record 40 ans plus tard : le 24 novembre 2012, le *Vestas Sailrocket 2* traversait la baie de Walvis (Namibie) comme une fusée *(voir p. 69)*... Sa vitesse : 65,45 nœuds (121,06 km) !

Outre la vitesse pure sur 500 m et un mille nautique, en 1988, le WSSRC a étendu le spectre de ses records en y ajoutant tous ceux qui concernent la navigation hauturière : les records transocéaniques, les circumnavigations, les temps de passage aux principaux caps... C'est entre autres pour cela que le WSSRC a été sollicité au moment de la création du Trophée Jules-Verne *(voir p. 44)* et qu'aucun projet de record ne peut être pensé sans respecter les conditions fixées par l'association...

1993
TROPHÉE JULES-VERNE

Bruno Peyron

La Baule, 20 avril 1993 : Bruno Peyron boucle le tour du monde en 80 jours avec son catamaran géant Commodore Explorer.

Bruno Peyron.

Le seul skipper trois fois détenteur du Trophée Jules-Verne

COMMANDO DES OCÉANS

Il est l'aîné de la famille Peyron. Spécialiste de catamaran et « Poulidor » des courses au large : hormis sa victoire de la transat en double Lorient - Saint-Barthélemy - Lorient en 1989, il cumule un nombre considérable de deuxièmes places, dont deux fois sur la Route du Rhum (1982 et 1986). Voilà pour une présentation un peu caricaturale de Bruno Peyron.

Caricaturale, oui, car si on creuse un peu, on découvre que le navigateur est un homme de records océaniques : sa page Wikipédia en dénombre trente-neuf ! Trois notamment sur l'Atlantique, cinq sur le Pacifique, cinq sur 24 heures… À croire que l'aîné des Peyron n'a jamais été meilleur qu'à se battre contre lui-même…

L'un des grands défis – si ce n'est le principal – qui semblent avoir motivé Bruno est le record de vitesse absolue sur un tour du monde à la voile, pour lequel un trophée fut imaginé et lancé en octobre 1992 au Yacht Club de France : le Trophée Jules-Verne (voir p. 44).

Janvier 1993, avec *Enza* (de Peter Blake) et *Charal* (d'Olivier de Kersauson), *Commodore Explorer* est le troisième prétendant au trophée à s'aligner au départ entre Ouessant et le cap Lizard. Au bout de 6 jours, au large du Cap-Vert, Peyron a déjà rattrapé Blake, parti 10 heures avant lui. Kersauson, lui, abandonne dans les 40es rugissants, là où *Commodore Explorer* est rossé et roué dans des creux de 10 m… Le plus dur pour Peyron, c'est de se montrer sage : « Nous le disions avant le départ, témoigne-t-il au magazine *Bateaux*, c'est la pédale de frein qui est difficile à trouver, et parfois, elle est introuvable ! » *Enza* ne résiste pas à la rencontre avec un OFNI (objet flottant non identifié), pendant que le cata de Peyron file à une moyenne de 500 nœuds par jour autour de l'Antarctique… Au passage du cap Horn, l'équipage du Français affronte une dépression avec des rafales à 80 nœuds. Après avoir affalé les voiles et courbé l'échine quelques longues heures, le commando des océans reprend de la vitesse… et filera établir le record d'un tour du monde : 79 j 06 h 15 min 56 s !

Ses concurrents malheureux ont eu à cœur de prendre leur revanche : le duo Peter Blake - Robin Knox-Johnston a remporté le trophée en 1994 avec un chrono de 74 j 22 h 17 min ; Olivier de Kersauson a gagné 3 jours de plus en 1997. De retour dans le « *game* » neuf ans après son premier record, Peyron a poursuivi l'accélération en réalisant 64 j 08 h 37 min avec *Orange* en 2002 puis en devenant le premier homme autour du monde en 50 jours (avec *Orange 2*) en 2005, réalisant 8 jours de moins que Steve Fossett…

2005

Ellen MacArthur

Falmouth, 8 février 2005 : la maxime d'Ellen MacArthur, « À donf », écrite sur le trimaran avec lequel elle vient de réaliser le tour du monde en 71 jours.

De la Route du Rhum au record du tour du monde en solitaire : itinéraire d'une opiniâtre

« À DONF »

C'est un petit bout de femme qui force l'admiration, 1,58 m d'énergie, de passion, de volonté. Une bouille toute ronde éclairée par un sourire communicatif et des yeux qui pétillent de malice.

Petit gabarit, mais grande navigatrice. En 2005, pour l'ensemble de son œuvre sur tous les océans du monde, Ellen MacArthur a été anoblie par la reine Élisabeth II, qui lui a conféré le titre de « *lady* », honneur suprême au Royaume-Uni, auquel le président Nicolas Sarkozy a ajouté en mars 2008 les insignes de chevalier de la Légion d'honneur.

« À donf » : sa maxime, écrite en français sur ses bateaux (elle parle couramment la langue de Molière), n'a jamais été un vain mot. Lors d'une conférence pour le compte de TED en 2015, elle raconte la naissance de sa passion dès l'âge de 4 ans. Et poursuit en expliquant comment, à 10 ans, elle avait pris l'habitude de choisir les plats les moins chers à la cantine pour économiser de quoi s'offrir son premier canot, dans lequel elle a passé des heures au fond de son jardin…

Preuve de son opiniâtreté : la jeune Ellen propose à Alan Wynne-Thomas de préparer son bateau pour la Transat anglaise contre la possibilité de l'accompagner pour rentrer au Royaume-Uni… Yves Parlier, dont le bateau était alors « à couple » de celui de Thomas, se souvient que, à l'œuvre dès 6 heures du matin et encore là le soir après 22 heures, elle abattait seule le boulot de toute une équipe… Alors, quand elle est venue le voir en 1998 pour lui proposer de faire la Transat Jacques-Vabre avec elle, Parlier a dit « banco ! »

Le premier grand succès d'Ellen : la victoire, à 21 ans, de la Route du Rhum 1998 avec le 50 pieds de Pete Goss. Désignée plusieurs fois « marin de l'année » (remarquez que le titre est au masculin), MacArthur règne désormais sur les océans. En 2001, elle est 2e du Vendée Globe sur son *Kingfisher*. L'année suivante, en novembre 2002, elle remporte, avec le même bateau, une nouvelle Route du Rhum.

Mais sa très grande performance sera réalisée trois ans plus tard, le 8 février 2005 : avec son trimaran *Castorama*, elle s'approprie le record du tour du monde à la voile en solitaire en 71 jours, 14 heures, 18 minutes et 33 secondes.

En octobre 2009, effrayée par la dégradation désolante de notre environnement, « Dame Ellen » décide d'employer toute son énergie à la défense de la planète : « Aussi longtemps qu'il restera ce défi, est-ce que je vais consacrer quatre ans de ma vie à naviguer autour du monde ? Non », explique-t-elle dans le journal *Le Monde*. « Je n'aurais jamais imaginé que quelque chose puisse passer avant la voile, mais aujourd'hui, l'environnement, c'est ça qui compte. »

2006

Groupama 3

Groupama 3 barré par Franck Cammas, le 9 novembre 2010, quelques milles avant sa victoire à Pointe-à-Pitre lors de la Route du Rhum.

TRIMARAN DE LÉGENDE

Route du Rhum, Trophée Jules-Verne, records océaniques : l'histoire d'un trimaran au palmarès doré

Au fil de l'écriture de ce livre, un vaisseau a attiré notre attention : triple vainqueur de la Route du Rhum, détenteur du Trophée Jules-Verne à deux reprises et auteur de multiples records sur l'Atlantique et la Méditerranée, en solitaire ou en équipage… *Groupama 3*, le trimaran conçu par le cabinet VPLP pour Franck Cammas, a presque tout raflé… mais sous différentes identités !

Pour que le « petit Mozart de la voile » puisse écrire les partitions d'une œuvre historique, il fallait (1) un partenaire solide – Groupama –, (2) un objectif très ambitieux – le Trophée Jules-Verne –, (3) des architectes de talent – le cabinet VPLP –, et enfin (4) 130 000 heures de construction dans les chantiers de Multiplast à Vannes.

En réaction à la folie des grandeurs de l'époque (les 36,80 m du catamaran *Orange 2* de Bruno Peyron et les 33,80 m du trimaran *Géronimo* d'Olivier de Kersauson), Franck Cammas envisage des dimensions moins « extrêmes » : 31,50 m de long par 22,50 m de large. En revanche, le mât originel reste immense (41 m de haut) et le bateau fait partie des premiers tri à être dotés de foils !

Avec sa Formule 1, Cammas écume les océans et amasse les records : la Route de la Découverte en mai 2007, Miami-New York en juin, le record de l'Atlantique nord en juillet… Il lui faudra trois ans et trois tentatives pour atteindre son objectif, le Trophée Jules-Verne, dont il portera le record à 48 jours, 7 heures, 44 minutes et 52 secondes en 2010. La même année, *Groupama 3* subit de nombreuses modifications dans l'optique de l'engager sur la Route du Rhum : il maigrit de 2 tonnes, le mât est raccourci et un cadre de vélo est même installé dans le cockpit afin de permettre à Cammas de moins solliciter ses bras pour les manœuvres ! Évidemment, le prodige de la voile surfe sur la vague et remporte la course devant un certain Francis Joyon…

En 2013, *Groupama 3* est racheté par Banque populaire, qui veut marquer l'histoire avec Armel Le Cléac'h en battant le temps de référence de la Route du Rhum en 2014. Blessé à la main, Le Cléac'h est suppléé par Loïck Peyron, qui va effectivement améliorer le temps de Lionel Lemonchois en 7 jours, 15 heures, 8 minutes et 32 secondes *(voir p. 94)*.

Deux ans plus tard, on retrouve le trimaran sous les couleurs d'Idec Sport. Trois semaines de chantier chez Multiplast, et le voilà reparti à la guerre… Et c'est « un certain » Francis Joyon qui va lui faire gagner une deuxième fois le Trophée Jules-Verne *(voir p. 95)*. L'année suivante, il remporte une nouvelle Route du Rhum, après une folle remontada, avec seulement 7 minutes et 8 secondes d'avance sur François Gabart *(voir p. 98)*.

2009

D'Atlantic
à Banque populaire V

La goélette à trois mâts Atlantic*, en 1904.*

SPRINTERS DE L'ATLANTIQUE

La folle progression du record de l'Atlantique nord

Dans le sport de haut niveau, il existe des records qui mettent un temps infini à être battus : 23 ans par exemple entre les 8,90 m de Bob Beamon et les 8,95 m de Powell face à Carl Lewis, 20 ans entre les 6,14 m de Bubka et les 6,16 m de Lavillenie… D'autres resteront peut-être pour l'éternité, comme les 10 s 49 de Flo-Jo ou les quatorze victoires de Nadal à Roland-Garros…

Le record de l'Atlantique nord à la voile, lui, a tenu 75 ans sans être inquiété, entre les 12 jours, 4 heures, 1 minute et 19 secondes de l'*Atlantic* barré en 1905 par l'incroyable Charlie Barr (et 50 hommes d'équipage – *voir p. 77*) et les 10 jours, 5 heures, 14 minutes et 20 secondes réussis en 1980 par Éric Tabarly (avec 3 équipiers), qui saisissait l'occasion de rapatrier en France son trimaran à foils (*Paul Ricard*) après l'avoir confié à Marc Pajot pour la Transat anglaise ! Chay Blyth, Alain Gliksman (chavirage) ou encore Olivier de Kersauson (naufrage) font partie de ceux qui se sont cassé les dents sur ce record…

Dans le sillage de Tabarly, les multicoques ont très vite fini par surpasser les monocoques. Mention spéciale, toutefois, au *Phocéa* de Bernard Tapie : avec son « jumbo-yacht » de luxe, l'homme d'affaires a traversé l'Atlantique en 8 jours, 3 heures et 29 minutes en 1988 *(voir p. 60)*. Au cours des années 1980 et pendant près de 30 ans, catamarans géants et maxi-trimarans vont se livrer une sacrée guerre par chronos interposés… En 1981, Marc Pajot, sur le catamaran *Elf Aquitaine 1*, est le premier à passer sous les 10 jours. En 1984, Patrick Morvan descend sous les 9 jours. En 1987, *Fleury Michon VIII*, barré par Philippe Poupon, est le deuxième trimaran à s'approprier le record. Serge Madec et son catamaran *Jet Service V* répondent par deux fois : en 1988 en 7 jours, puis en 1990 en 6 jours.

Du côté des monocoques, le compteur est resté bloqué à 5 jours et 14 heures, la performance réalisée en 2016 par *Comanche*, le voilier de 100 pieds de Ken Read. C'est déjà un exploit hors normes… Mais les multi ont poussé le compteur encore plus loin : 4 jours et 17 heures pour l'aventurier américain Steve Fossett sur son catamaran géant *Playstation* en 2001, 9 heures de moins pour Bruno Peyron (lui aussi spécialiste des catamarans) en 2005 *(voir p. 85)*. Les deux derniers Top Gun de l'Atlantique sont des trimarans : le *Groupama 3* de Franck Cammas (4 jours et 3 heures en 2007) et le *Maxi Banque populaire V* de Pascal Bidégorry, qui détient depuis août 2009 le record en 3 jours, 15 heures, 25 minutes et 48 secondes *(voir ci-contre)* !

2009

Pascal Bidégorry
et Franck Cammas

Cap Lizard, 2 août 2009 : Pascal Bidégorry et ses douze hommes d'équipage viennent de battre le record de traversée de l'Atlantique nord à bord de Banque populaire V.

Deux Français à couteaux tirés pour un record de vitesse

DUEL SUR L'ATLANTIQUE

Les plus belles pages de l'histoire du sport ont souvent été écrites par de grands duels : Prost *vs* Senna, Federer *vs* Nadal, Borg *vs* McEnroe… La voile n'échappe pas à cette règle, avec un exemple en particulier : la dernière bataille pour la conquête du record de l'Atlantique…

D'un côté, Franck Cammas, né en 1972 à Aix-en-Provence. Celui que l'on nomme « le petit Mozart de la voile » n'a que 22 ans lorsqu'il remporte la Solitaire du Figaro 1997. L'année suivante, il prend les commandes de son premier tri (*Groupama*) et remporte deux fois à sa barre la Transat Jacques-Vabre (en 2001 avec Stève Ravussin et en 2003 avec Franck Proffit) – et il gagnera la course deux fois de plus (en 2007 et 2021). À son palmarès, ajoutons la Volvo Ocean Race 2011-2012 et la Route du Rhum 2010, toutes les deux gagnées avec *Groupama 3*.

De l'autre : Pascal Bidégorry, natif de Bayonne, de quatre ans l'aîné de Cammas. À son palmarès : la Solitaire du Figaro 2000, deux Transat Jacques-Vabre (en 2005 et 2015), une deuxième place à la Route du Rhum 2006, la Volvo Ocean Race 2018 et la Rolex Fastnet 2023.

Un sportif de haut niveau a toujours dans l'esprit de se forger une légende, de construire un héritage… Remporter des courses, c'est bien, mais, une fois que c'est acquis, il faut se réinventer, programmer de nouveaux challenges… Le yachting est un sport de défis, les records de vitesse en font partie !

Premier à dégainer : Franck Cammas ! Aux commandes de *Groupama 3*, un trimaran de 31,50 m, l'Aixois réalise en 2007 la traversée de l'Atlantique nord en 4 jours, 3 heures, 57 minutes et 54 secondes (soit une moyenne de 29,26 nœuds). Mais réponse de Bidégorry deux ans plus tard, le 2 août 2009 exactement, en 3 jours, 15 heures, 25 minutes et 48 secondes (soit une moyenne absolument incroyable de presque 33 nœuds !). C'est simple, son vaisseau – *Banque populaire V* –, avec ses 40 m de long, était à l'époque le plus grand trimaran du monde ! Les conditions atmosphériques, malgré une brume épaisse, étaient parfaites pour la vitesse : un vent régulier autour des 30 nœuds, peu de houle.

À cette occasion, *Banque populaire V* a également battu un autre record de vitesse prestigieux : la distance parcourue en 24 heures. Et la performance est absolument phénoménale : 908 milles (1 681 km), soit 37,84 nœuds (70 km/h) de moyenne, avec une pointe à 47,15 nœuds ! Et le plus incroyable dans tout ça, puisqu'on vous parle de duel, c'est que Cammas, étant lui-même candidat à battre son propre record, a pris la mer peu avant Bidégorry (3 heures exactement) et est arrivé 2 heures et demie après !

Arrivée de Michel Desjoyeaux lors du Vendée Globe 2008.

MICH'MONDE

Double vainqueur du Vendée Globe

Dans le sport de haut niveau, deux champions français sont connus pour avoir hérité du surnom de « professeur ». Alain Prost, quadruple champion du monde de Formule 1, et Michel Desjoyeaux, qui compte plus de 25 victoires dans les courses à la voile… Voici l'étonnant parcours de celui-ci…

Le petit Michel naît en 1965 à Concarneau (Finistère). Comme ses six frères et sœurs, le benjamin de la famille ne va pas à l'école primaire et reçoit l'essentiel de son instruction à la maison. Paradoxal pour quelqu'un qui sera surnommé le « professeur » ! Il passe le plus clair de sa jeunesse à bricoler dans les hangars de l'entreprise d'entretien de bateaux fondée par son père, Henri…

Parmi ses mentors, on citera Philippe Jeantot, dont il a été l'équipier sur la Course de l'Europe 1983, et surtout Éric Tabarly, avec qui il a couru la Whitbread en 1985. Il acquiert son fameux surnom lors de la Mini Transat 1991, où il remporte la deuxième étape avec un 6.50 doté d'une révolutionnaire quille pendulaire (voir p. 38)…

Desjoyeaux est entré dans le grand bain et va faire des merveilles : il remporte la Transat AG2R en 1992 (avec Jacques Caraës), il est triple vainqueur de la Solitaire du Figaro (en 1992, 1998 et 2007), il gagne la Route du Rhum en 2002 et la Transat anglaise en 2004, il remporte aussi la Transat Jacques-Vabre en 2007…

Ajoutez à ce somptueux palmarès un doublé sur le Vendée Globe : lors de la quatrième édition d'abord, en 2000, où la lutte est féroce avec Yves Parlier et son copain Roland Jourdain. Une panne de son démarreur électrique aurait pu tout compromettre pour Desjoyeaux… Sans son moteur diesel, pas d'énergie ; et sans énergie, son *PRB* deviendrait un bateau errant… Le Finistérien met 10 heures pour trouver une solution : collecter la force du vent dans la grand-voile et la transformer en force rotative grâce à un système de bouts et de poulies… Et il remporte la course avec une journée d'avance sur le *Kingfisher* d'Ellen MacArthur.

Sur le Vendée Globe 2008, le scénario est ahurissant… Desjoyeaux est victime d'une panne de générateur après 200 milles de course et rentre réparer aux Sables… Il reprend la mer avec 40 heures de retard et entame une folle remontada… Le 12 décembre (33e jour de course), il est déjà 2e ; le 16, il passe en tête… Vous connaissez ce travers qui veut que l'attention se relâche quand on a le sentiment d'avoir fait le plus dur : c'est exactement ce qui va arriver à Desjoyeaux, qui manque de perdre son safran au beau milieu du Grand Sud… Alerte sans frais : le Français finira par remporter son deuxième Vendée en 84 jours, acquérant à cette occasion un nouveau surnom : « Mich'Monde » !

2010

Alessandro
Di Benedetto

Alessandro Di Benedetto à bord de son bateau mini 6.50 à son arrivée le 22 juillet 2010 aux Sables-d'Olonne après son tour du monde en solitaire et sans assistance en suivant les règles du Vendée Globe.

Il accomplit un tour du monde en solitaire à bord d'un 6.50 !

Plus haut, plus vite, plus fort... À travers des performances surhumaines, certains sportifs et aventuriers ont une incroyable propension à vouloir conquérir l'impossible... Alessandro Di Benedetto illustre à sa façon notre propos...

À la ville, ce Franco-Italien né à Rome en 1971 fait des études en géologie à l'université de Palerme, puis il travaille comme opérateur en archéologie sous-marine. À la voile, il débute en Sicile sur un Optimist à l'âge de 6 ans, progresse rapidement vers le Laser puis goûte au Hobbie Cat. C'est d'ailleurs sur ce type de bateau (un catamaran de sport) qu'il va commencer à se faire remarquer...

En 1992, il traverse l'Atlantique en duo (soit plus de 2 300 milles). En 2001, il va de l'Italie aux Canaries en solitaire et sans escale (soit 1 700 milles). En 2002, il traverse l'Atlantique en solitaire de Las Palmas (Canaries) à Pointe-à-Pitre (Guadeloupe ; soit 2 700 milles). Encore plus fort, en 2006, il traverse le Pacifique de Yokohama (Japon) à San Francisco (États-Unis), soit 4 482 milles en 62 jours ! Et tous ces exploits, il les a accomplis avec un catamaran de tout juste 6 m de long !

Ne serait-ce qu'une seule de ces performances aurait suffi à faire de cet aventurier une légende des océans... Mais, c'est bien connu, l'adrénaline que procure l'adversité est une addiction difficile à combattre ! Et Alessandro va replonger pour un projet encore plus fou... Réaliser un tour du monde en solitaire, sans escale et sans assistance, avec le plus petit des bateaux de course au large : le 6.50 ! Oui, comprenez par là qu'il veut suivre le parcours du Vendée Globe, passer les trois caps, traverser les 40es rugissants et les 50es hurlants et tourner autour de l'Antarctique... avec un bateau qui se fera bringuebaler par des vagues hautes de deux fois sa taille et des vents soufflant parfois à plus de 50 nœuds !

Le défi est herculéen, le bateau lilliputien... Sa coque a été renforcée, le cockpit a été fermé pour endurer les embruns, les tempêtes et le froid austral... Alessandro part des Sables-d'Olonne le 26 octobre 2009. Il embarque à son bord 250 kg d'avitaillement et 600 kg d'équipements de secours. L'épreuve la plus marquante de son tour du monde restera sûrement son démâtage le 28 mars dans l'océan Indien... Réagissant avec maturité et intelligence, le Franco-Italien réalise un gréement de fortune à l'image de celui d'Yves Parlier sur le Vendée Globe 2000 *(voir p. 117)*. Bricolage qui permettra à l'aventurier de boucler sa circumnavigation en 268 jours...

MINI MAXI

2010

Jessica Watson

ÉLÉMENTAIRE, MA CHÈRE WATSON !

Jessica Watson passe la ligne d'arrivée à l'entrée du port de Sydney, en Australie, le samedi 15 mai 2010.

L'exploit d'un tour du monde en solitaire à seulement 16 ans

« Fous », « inconscients », « insouciants »… L'opinion publique, choquée par la jeunesse de l'aventurière, ne s'est pas privée d'incendier Julie et Roger, les parents de Jessica Watson… À 16 ans, pense-t-on, personne n'est assez mature ni suffisamment expérimenté pour partir seul au large… Rien ne peut plus horripiler l'adolescente : « J'avais horreur d'être jugée sur la base de mon apparence et par les attentes d'autres personnes sur ce dont une “petite fille” est capable. »

Il faut reconnaître que, peu avant le début de cette circumnavigation, un accident a donné des arguments à ses détracteurs. La date et les circonstances : le 9 septembre 2009, à 2 heures du matin, Jessica Watson est en train de convoyer son bateau de Brisbane à Sydney et en profite pour se tester à la navigation en solitaire… La leçon sera radicale : 5 minutes d'absence – la faute à une microsieste –, et *Pink Lady*, le sloop de 10 m de Jessica, est allé percuter un cargo-citerne chinois de 63 000 tonnes !

L'idée de ce tour du monde n'est pas pour Jessica le caprice soudain d'une ado qui veut « faire le mur »… À 8 ans, elle naviguait déjà ! Et c'est à l'âge de 12 ans qu'a germé le rêve de cette circumnavigation… On ne peut nier que Jessica, multipliant les certifications, s'est alors donné les moyens de ses ambitions ! Par ailleurs, David Dicks, un autre Australien de 18 ans, avait prouvé en 1996 que c'était possible…

Jessica part donc de Sydney le 18 octobre 2009, traverse l'océan Pacifique et monte couper l'équateur à proximité de l'île Jarvis (condition sine qua non pour que ce périple puisse être considéré comme un tour du monde). À Noël, elle atteint le point Nemo : l'endroit du globe le plus éloigné de toute terre… Le 13 janvier, elle passe le cap Horn avec 11 jours d'avance sur ses plans.

Naviguer dans l'hémisphère sud n'est pas toujours « rose » et l'aventurière en herbe va l'expérimenter à ses dépens : dans la nuit du 23 au 24 janvier 2010, bien avancée dans l'Atlantique sud, Jessica doit faire face à des vagues de 10 m et à des vents de force 12 ! Cette nuit-là, *Pink Lady* a chaviré quatre fois… Inutile de dire qu'à l'âge qu'avait Jessica on aimerait chavirer pour d'autres raisons, plus… romantiques !

À son retour à Sydney le 15 mai 2010, après 210 jours de mer, la néo-circumnavigatrice a reçu un accueil triomphal… Refusant poliment au Premier ministre la qualification d'« héroïne », elle lui répondit : « Je suis une fille ordinaire qui a simplement cru dans son rêve. » Une fille « ordinaire » qui a néanmoins été honorée de la médaille de l'ordre d'Australie en 2012 !

Armel Le Cléac'h et François Gabart lors du Grand Prix Guyader 2013 à Douarnenez.

2013
VENDÉE GLOBE

François Gabart *vs* Armel Le Cléac'h

JEUNES LOUPS

La septième édition du Vendée Globe courue comme une régate !

Lancée le samedi 10 novembre 2012, la septième édition du Vendée Globe a d'abord été marquée par une avalanche d'avaries et d'abandons : Kito de Pavant, Louis Burton, Samantha Davies, Jérémie Beyou... Sept skippers ont renoncé en l'espace de 15 jours !

Parmi ceux qui ont résisté aux fracas de l'Atlantique nord : Vincent Riou (vainqueur en 2005 et 3e en 2009), Jean-Pierre Dick, Alex Thomson et surtout François Gabart et Armel Le Cléac'h... D'ailleurs, au fil des jours, la course, se décantant, va se résumer à un *mano a mano* entre ces deux jeunes loups...

D'un côté François Gabart, 29 ans, surnommé le « Petit Prince des océans » : issu de l'école du Tornado, Gabart intègre le programme lancé par la Macif et s'illustre très vite avec notamment une deuxième place sur la transat Jacques-Vabre 2009 (avec Kito de Pavant) et une deuxième place sur la Solitaire du Figaro 2010, derrière d'ailleurs un certain Armel Le Cléac'h...

De l'autre Armel Le Cléac'h, au sujet duquel on ne parle pas de loup mais de « Chacal » (son surnom). De six ans l'aîné de Gabart, le Breton jouit d'un palmarès déjà solide en monocoque : il est à l'époque champion du monde IMOCA (2008), et il a notamment remporté à deux reprises la Solitaire du Figaro (en 2003 et 2010) et la Transat AG2R (en 2004 et 2010).

Sur ce Vendée Globe 2012-2013, Gabart est le premier à franchir la porte des Aiguilles. Le Cléac'h répond en passant le cap de Bonne-Espérance en tête. Au cours de la cinquième semaine de course, Gabart accélère : le 10 décembre, il parcourt 545 milles en une seule journée (23 nœuds de moyenne) et bat de 80 milles le précédent record, détenu par Michel Desjoyeaux... Grâce aux images qu'il partage, nous allons alors assister à une scène incroyable : pendant près de deux semaines, *Macif* (le bateau de Gabart) et *Banque populaire* (celui de Le Cléac'h) vont « se tirer la bourre » à vue !

Le 1er janvier, *Macif* passe le cap Horn en tête et entame la remontée de l'Atlantique avec une route à l'est. Le Chacal ne s'avoue pas vaincu et tente un itinéraire plus direct... L'option de Gabart s'est révélée la meilleure : malgré un léger ralentissement dans le Pot au Noir, il n'a jamais été rejoint et remporte la course en 78 jours, 2 heures, 16 minutes et 40 secondes. À 29 ans, le plus jeune vainqueur du Vendée Globe bat de 6 jours le précédent record de Michel Desjoyeaux. Une étoile est née !

Quant à Le Cléac'h, qui a cravaché jusqu'au bout, il a coupé la ligne seulement 3 heures et 17 minutes plus tard (soit 1/100 de seconde si on ramenait l'écart sur le chrono d'un 100 m), écart qui est resté le plus faible de l'histoire du Vendée Globe...

2014

ROUTE DU RHUM

Loïck Peyron

Loïck Peyron à bord de Banque populaire VII *lors du Défi Azimut 2014.*

JOKER GAGNANT

Le plus populaire des skippers français reprend la barre d'un maxi-trimaran et remporte la Route du Rhum

Loïck, deuxième dans la fratrie des Peyron (derrière Bruno, premier détenteur du Trophée Jules-Verne – *voir p. 44*), est sûrement le premier à la cote de popularité. Et cela surtout grâce à ses talents de communicant. En télévision, Loïck Peyron est ce que l'on appelle un « bon client » : particulièrement disert sur son sport et fin pédagogue, il a rendu l'univers de la voile accessible au commun des mortels…

Après une éclosion au plus haut niveau au cours des années 1980, Peyron devient une valeur sûre dans les années 1990 et 2000 : trois victoires dans la Transat anglaise (en 1992 et 1996 avec le trimaran *Fujicolor II*, en 2008 avec l'IMOCA *Gitana Eighty*), cinq Courses de l'Europe, deux Transat Jacques-Vabre et quatre championnats ORMA… Surdoué des mers, le « Petit Lutin » devient « Monsieur Multicoque » !

La saison 2011-2012 est un premier zénith pour Peyron, qui remporte la mythique Fastnet en 2011 et conquiert l'année suivante le Trophée Jules-Verne à la barre du *Maxi Banque populaire V* *(voir ci-contre)* en abaissant le record de Franck Cammas à 45 jours, 13 heures et 42 minutes. Véritable touche-à-tout, on l'avait retrouvé aussi comme coskipper du *defender* suisse Alinghi en finale de la Coupe de l'America 2010.

Son histoire avec le Vendée Globe représente peut-être la seule vraie frustration de sa carrière : sur la première édition, il se déroute pour sauver Philippe Poupon *(voir p. 110)* et finit 2ᵉ derrière Lamazou ; il ne fera jamais mieux…

La Route du Rhum, longtemps, n'a pas voulu lui sourire non plus : sur ses six premières participations, Peyron a connu trois abandons et n'a pas obtenu mieux qu'une cinquième place. Sa septième participation sera la « bonne » ! Loïck dépanne le Team Banque populaire et remplace au pied levé Armel Le Cléac'h, qui s'est blessé à la main début 2014… Le *Maxi Solo Banque populaire VII* est le meilleur bateau du moment… Mais Peyron est âgé de 54 ans ! Ne faisant jamais rien à moitié, il accepte le défi et passe deux mois à se remettre en forme. Résultat : en vieux loup de mer, le joker de luxe remporte la Route du Rhum 2014 en 7 jours, 15 heures, 8 minutes et 32 secondes !

Lorsqu'il a reçu cette sollicitation, Peyron avait un autre projet en cours ! Il planifiait de courir cette Route du Rhum à l'ancienne, à la barre du sister-ship d'*Olympus*, le minitrimaran avec lequel Mike Birch avait gagné en 1978 *(voir p. 40)*. Vous l'avez compris, la proposition alléchante du Team Banque populaire a obligé le Français à reporter son projet à 2018. Ça tombait bien : c'étaient alors les 40 ans de la victoire de Birch ! Et Peyron a terminé la course en 21 jours (soit 2 jours plus vite que Birch) !

2017

TROPHÉE JULES-VERNE

Francis Joyon

26 janvier 2017 : Idec Sport, avec lequel Francis Joyon vient de conquérir le Trophée Jules-Verne, fait une entrée triomphale dans la rade de Brest.

LE TOUR DU MONDE EN 40 JOURS

Même dans ses scénarios les plus fous, Jules Verne n'aurait pu imaginer une telle performance…

Un tour du monde à la voile en 40 jours : le chiffre est incroyable… Aussi dingue que les 42 jours de François Gabart (qui, lui, les a vécus en solitaire quelques mois plus tard – *voir p. 96*). Aussi fou que les 908 milles parcourus en 24 heures par l'équipage de Pascal Bidégorry en 2009 lors du record de l'Atlantique nord réalisé par *Banque populaire V* (*voir p. 89*)… Jules Verne, dont l'œuvre littéraire a inspiré le challenge et le trophée (*voir p. 44*), n'en aurait pas cru ses yeux…

Le record à battre ? 45 j 13 h 42 min mis en 2012 par Loïck Peyron et ses quatorze (!) coéquipiers avec un autre bateau de légende, le *Maxi Banque populaire V*.

Le skipper ? Francis Joyon, le premier marin de l'histoire à boucler – en 2004 et en 72 jours – un tour du monde sur un multicoque en solitaire et sans escale. Nos amis anglais pourraient vous parler de celui qui a repris à Ellen MacArthur ce record en 2008 (57 jours contre 71 – *voir p. 86*), de celui qui leur a subtilisé la Transat anglaise 2000, de celui qui a remporté trois fois le tour de l'île de Wight (en 2001, 2003 et 2004)… et surtout la Fastnet 2001 !

Le bateau de Joyon ? *Idec Sport*, un trimaran déjà légendaire (*voir p. 87*), multiple vainqueur de la Route du Rhum et détenteur de nombreux records, dont le Jules-Verne en 2010 avec Franck Cammas (sous le nom de *Groupama 3*). Passant de mains en mains depuis sa mise à l'eau en 2006, *Idec Sport* a connu de nombreuses évolutions au gré des objectifs de ses skippers successifs (Cammas, Le Cléac'h, Peyron et Joyon)…

L'équipage ? Bien moins fourni que celui de Peyron cinq ans plus tôt ! Joyon choisit d'embarquer Sébastien Audigane, Clément Surtel, Gwénolé Gahinet, Alex Pella et Bernard Stamm. Cinq marins seulement, mais tous rompus à la navigation en solitaire et surtout formidablement complémentaires…

Les conditions du record ? Une météo optimale qui a permis à *Idec Sport* de « bondir » de dépression en dépression… Dans l'Indien par exemple, vent régulier au portant, l'effet « foil » marchant à plein régime, Joyon a pu pousser son bateau à 809 milles par jour pendant 10 jours ! C'est d'ailleurs durant cette période que le « Beauceron sur la mer » (Joyon est né dans la Beauce en 1956) va réaliser le plus gros de son avance sur le précédent record, car Peyron n'avait, en 2011-2012, dépassé qu'une fois la barre des 800 milles par jour…

C'est ainsi que, parti de Brest le 16 décembre 2016, Joyon et ses cinq équipiers, améliorant tous les temps de passage intermédiaires, ont pointé l'étrave d'*Idec Sport* au large de Brest 40 jours, 23 heures, 30 minutes et 30 secondes plus tard… En 2024, personne n'avait fait mieux…

2017

François Gabart

François Gabart à la manœuvre à bord de son trimaran Macif.

Il réalise le tour du monde en solitaire en 42 jours !

SOLI-TERRE

« Je suis fier de ce voyage. Je ne m'attendais pas à ça. Je suis hyper honnête. J'espérais. J'avais un petit espoir de le battre, le record, mais il était faible. Le battre autant, jamais je ne l'aurais imaginé. » Ce sont les mots de François Gabart, le dimanche 17 décembre 2017, à peine arrivé dans le port de Brest… Après avoir été le plus jeune skipper de l'histoire à remporter le Vendée Globe en 2013 *(voir p. 93)*, le Petit Prince des océans venait tout juste de conquérir le record du tour du monde à la voile en solitaire…

La raison pour laquelle nous évoquons ce Vendée Globe historique, c'est que, de l'aveu même de Gabart, le projet de ce record a germé dans sa tête alors qu'il n'avait pas encore pris le temps de digérer son triomphe… Après deux ans de conception et de construction : le trimaran *Macif* est mis à l'eau en 2015. Il est parmi les premiers multi à foils qui peuvent prétendre voler sur l'eau. Bien né, il permet à Gabart de remporter la Transat Jacques-Vabre 2015 en double avec Pascal Bidégorry puis de gagner la Transat anglaise 2016.

En ce qui concerne le record du tour du monde, Gabart tablait sur une base de 57 jours, soit, au moment de lancer le projet, le record détenu depuis 2008 par *Idec 2* de Francis Joyon (à 19,09 nœuds de moyenne). Seulement, alors que les équipes de Gabart avaient déjà bouclé la conception du trimaran *Macif*, Thomas Coville (avec *Sodebo Ultim*) est devenu en 2016 – à sa cinquième tentative – le premier homme à réussir un tour du monde en moins de 50 jours (49 j 3 h 7 min 38 s) ! Le défi s'était d'un seul coup nettement corsé…

Mais Gabart n'est pas le « Petit Prince des océans » pour rien ! Un bateau très bien conçu, une fenêtre météo idéale, d'excellentes options de routage en coordination avec les équipes à terre, de la chance aussi pour éviter les collisions et avaries majeures… Certes, cette circumnavigation n'a pas été pour Gabart un « long fleuve tranquille », avec chaque jour son lot de bricoles et de réparations… On se souvient notamment de son stress et de ses larmes quand il a raconté, depuis les mers du Sud, ses batteries qui se déchargeaient tandis que son générateur était en carafe… On a vu aussi, grâce aux images filmées par son iPhone, la menace d'un iceberg à quelques centaines de mètres… Mais, comme souvent dans le sport de haut niveau, la formule magique « inspiration + transpiration + chance » a abouti à un exploit de légende… Et le 17 décembre, Gabart a franchi – radieux – la ligne imaginaire entre l'île d'Ouessant et le cap Lizard après 42 jours, 16 heures, 40 minutes et 35 secondes de mer… Le record était à lui…

2017

François Gabart

François Gabart et son team fêtent son record du tour du monde en solitaire.

LES 24 HEURES DU VENT

Pendant son record du tour du monde en solitaire, Gabart bat aussi le record de distance en 24 heures !

Le record de distance parcourue en 24 heures fait partie des lignes que les navigateurs aiment inscrire à leur palmarès. Plusieurs raisons à cela : la pureté de l'effort, la perfection de la navigation, la qualité du routage météo, la performance du pilotage (car les vitesses atteintes deviennent assez folles) et puis, quand le record est réalisé en équipage, l'efficacité du collectif…

Il faut remonter à 1854 pour trouver la première performance notable : le *Champion of the Sea*, un clipper de 225 pieds, avait parcouru la distance incroyable à l'époque de 467 milles en 24 heures (à 35 km/h de moyenne). En 1905, durant le premier record de la traversée de l'Atlantique nord *(voir p. 77)*, Charlie Barr avait parcouru 341 milles en 24 heures.

Un siècle plus tard, tout a changé : les matériaux, l'informatique, l'hydrodynamique, l'aérodynamique aussi… Au fil des décennies, grâce à ces innovations tous azimuts, les bateaux ont accéléré de façon exponentielle, si bien qu'on a fini par dépasser les 900 milles en 24 heures (près de 1 700 km à 70 km/h). C'est l'exploit réalisé le 1er août 2009 par Pascal Bidégorry (et ses douze équipiers) à la barre de *Banque populaire V* lors de la conquête du record de l'Atlantique nord *(voir p. 89)*.

Performance tout aussi forte, parce que réalisée en solitaire, celle de François Gabart : au cours de son record du tour du monde *(voir ci-contre)*, le Petit Prince des océans a parcouru la distance de 851 milles entre le lundi 13 et le mardi 14 novembre 2017 (c'est-à-dire 65 km/h de moyenne tenus sur 24 heures) ! Quand on est seul sur le bateau, il faut avoir le don d'ubiquité et les sens en permanence en alerte… L'idéal étant de devoir le moins possible changer d'allure et de gréement : les manœuvres sont coûteuses en énergie (pour le skipper) et en vitesse (pour le bateau)… Gabart a réalisé cette prouesse poussé par une bonne dépression au large de l'Argentine et favorisé par le décalage de l'anticyclone de Sainte-Hélène plus à l'est…

Les autres Top Gun des océans ne sont pas en reste : on peut citer les 889,9 milles parcourus par Thomas Coville (*Sodebo Ultim 3*) le 5 décembre 2020 lors de sa tentative pour le Trophée Jules-Verne. En 2021, Charles Caudrelier a réalisé 880 milles en ramenant son *Maxi Edmond de Rothschild* après sa victoire sur la Transat Jacques-Vabre. Du côté des IMOCA, grâce aux foils, Kevin Escoffier a parcouru 640,48 milles (à presque 50 km/h) lors de la cinquième étape de l'Ocean Race 2022-2023…

2018

ROUTE DU RHUM

Francis Joyon
vs François Gabart

François Gabart (Macif) et Francis Joyon (Idec Sport) bord à bord dans les derniers milles de la Route du Rhum 2018.

REMONTADA

40 ans de la Route du Rhum : l'incroyable scénario final

Si le sport de haut niveau est magique, c'est parce qu'il offre des scénarios qui nous font passer – acteurs comme spectateurs – par toute la panoplie des émotions. L'angoisse, l'excitation, la rage, le stress, la détresse, le bonheur... En particulier quand l'équilibre des forces s'inverse et que l'improbable devient possible... Folle histoire d'une remontada...

Dimanche 4 novembre 2018 : départ de la onzième édition de la Route du Rhum. Les fauves sont lâchés. Dans les premières heures de course, les Ultim soufflent le « show »... Gabart (*Macif*), Le Cléac'h (*Banque populaire IX*), Josse (*Gitana 17*), Coville (*Sodebo Ultim*) et Joyon (*Idec Sport*) : aux commandes de leurs vaisseaux de carbone et de Kevlar, les Top Gun se succèdent en tête de course !

Course de vitesse d'une semaine, mais aussi course par élimination... Chacun connaissant son lot d'avaries, mineures ou majeures... Très vite après le départ (le jour même), Le Cléac'h s'arrête à Roscoff pour réparer son système d'énergie. Le 5, alors qu'il mène devant Gabart, Josse arrache l'étrave de son flotteur tribord et Coville casse le carénage du bras avant bâbord... Les deux skippers doivent aller réparer à La Corogne. Le 6, Le Cléac'h chavire ; lui et Josse annoncent leur abandon...

La course pour la « gagne » se disputera entre François Gabart et Francis Joyon, qui ont établi en 2017, avec *Macif* et *Idec Sport*, les records du tour du monde à la voile en solitaire (Gabart en 42 jours – *voir p. 96*) et en équipage (Joyon en 40 jours – *voir p. 95*).

Dans la nuit du 6 au 7, c'est le plus jeune des deux (Gabart) qui accélère et creuse un écart substantiel... Il va le maintenir à 140 milles pendant près de 2 jours, jusqu'à ce que Joyon, le 9 novembre, décide d'empanner le premier... Option payante : le 10 novembre à 23 h 45, à 494 milles de Pointe-à-Pitre, Joyon a déjà rattrapé une cinquantaine de milles. Le 11, alors qu'il ne reste qu'à faire le tour de l'île, Gabart n'a plus que 35 milles d'avance. Le Petit Prince des océans, en plus d'être privé d'un safran et d'un foil depuis plusieurs jours, reste englué dans la « pétole »...

Les images du duel final sont incroyables : *Macif* et *Idec Sport* ont fini par se retrouver bord à bord ! Dans l'obscurité de la nuit, sans un souffle de vent... C'est à l'abord du dernier mille de course que Joyon a achevé les espoirs de Gabart d'une ultime manœuvre ! Et le vieux loup de mer (62 ans déjà) s'est échappé pour remporter la course avec 428 secondes d'avance... Si les deux génies de la voile avaient voulu fêter les 40 ans de la course en faisant écho aux 98 secondes d'écart entre Birch et Malinovsky en 1978 *(voir p. 40)*, ils n'auraient pas pu mieux faire...

2020
VENDÉE GLOBE
Yannick Bestaven

Yannick Bestaven (Maître Coq) radieux à l'arrivée du Vendée Globe 2020.

3e ET VAINQUEUR !

Suite au naufrage d'Escoffier, le podium ultra-serré est départagé par des compensations de temps !

La neuvième édition du Vendée Globe, partie le 8 novembre 2020 des Sables-d'Olonne, restera dans l'histoire pour plusieurs raisons. La première est liée à la pandémie de Covid-19 et au début du second confinement, qui a obligé l'organisation de la course à fermer le village départ le 29 octobre. On se souvient des images tristes et inédites d'un chenal désertique, lui qui d'ordinaire est noir de monde pour assister au départ des concurrents…

La deuxième raison, c'est l'histoire du sauvetage réussi de Kevin Escoffier au large de l'Afrique du Sud, récupéré par Jean Le Cam après plusieurs heures à bord de son radeau de survie puis convoyé sur l'île de La Réunion par une frégate de la marine française *(voir p. 124)*. Au cours de ce sauvetage, apprenant que Le Cam avait perdu la trace d'Escoffier, Jacques Caraës (le directeur de course) avait également dérouté Yannick Bestaven, Sébastien Simon et Boris Herrmann sur zone…

La troisième raison, c'est le dénouement incroyable, au bout de 80 jours de course, avec huit bateaux groupés en moins de 24 heures, et surtout la remise en question du podium… au fil des arrivées ! Concept difficile à comprendre, on se doute… Mais c'est la règle : les navigateurs impliqués dans le sauvetage d'Escoffier ont obtenu des compensations chronométriques correspondant à l'estimation du temps perdu dans l'« opération » : ainsi, le 16 décembre 2020, Georges Priol, président du jury international du Vendée Globe 2020, a attribué une compensation de 16 h 15 min à Jean Le Cam, de 10 h 15 min à Yannick Bestaven et de 6 h à Boris Herrmann…

Revivons en accéléré ces heures insolites : nous sommes dans la nuit du mercredi 27 au jeudi 28 janvier 2021, Charlie Dalin coupe la ligne d'arrivée le premier à 20 h 35. Les statistiques indiquent qu'il a mené la course durant 37 des 80 jours ! Louis Burton arrive 2e à 0 h 45. Yannick Bestaven est le troisième, mais ses 10 h 15 min de compensation le replacent 2 h 41 min devant Dalin ! Drôle de victoire décernée sur calculette…

Le scénario final continue de s'écrire sous nos yeux : Boris Herrmann est retardé par une collision avec un palangrier et coupe la ligne en fin de matinée… Peu après midi, Damien Seguin est le premier non-foiler à terminer… Et pour clore cet incroyable classement : 8e sur la ligne et reclassé 4e au bénéfice des compensations en temps, *Yes We Cam* (le bateau barré par Jean Le Cam) montre que tout est possible ! À la fois sauver un homme à la mer et finir dans le peloton de tête avec un « vieil » IMOCA sans foil (celui avec lequel Desjoyeaux a gagné le Vendée Globe 2008) barré par un vieux loup de mer…

2022

ROUTE DU RHUM

Philippe Poupon

Philippe Poupon.

Flo (ex-Pierre 1er de Florence Arthaud) lors de la Route du Rhum 2022.

AVEC FLO

32 ans après, il recourt la Route du Rhum avec le bateau de celle qui l'avait battu

Dans la carrière de Philippe Poupon, il y a d'abord un nom – illustre –, celui d'Éric Tabarly, qui le prend sous son aile pour le former à la course au large au cours de la Whitbread 1977. Impressionné par ses qualités, le monstre sacré de la voile tricolore lui confie la barre de *Pen Duick III* sur la Route du Rhum 1978 (que Poupon termine, à 23 ans seulement, à une belle septième place)...

Ce premier résultat en a appelé d'autres : Poupon déploie ses ailes. Soutenu par la marque Fleury Michon, qui va sponsoriser ses différents bateaux, le Quimpérois va notamment remporter la Transat anglaise 1988 et par trois fois la Solitaire du Figaro (1982, 1985 et 1995). Il accrochera également à son palmarès le record de l'Atlantique en 7 jours, 12 heures, 49 minutes et 34 secondes.

Poupon ne connaît pas un immense succès avec le Vendée Globe : il est sauvé du naufrage par Loïck Peyron lors de la première édition (voir p. 110), mais abandonne quelques jours plus tard ; il revient en 1992 et termine 3e. C'est surtout la Route du Rhum qui va marquer sa carrière : une victoire en 1986 et une deuxième place en 1990, 8 heures seulement derrière la fulgurante Florence Arthaud avec son *Pierre 1er* (voir p. 27). Suite à un ensemble de circonstances, Poupon participera de nouveau à cette course 32 ans plus tard... à la barre du bateau de son adversaire ! Voici quelques éléments de l'histoire...

Outre la saine concurrence sportive qui liait Arthaud à Poupon, il faut savoir que la navigatrice est à l'origine du couple qu'il forme avec Géraldine Danon : Philippe et la réalisatrice se sont rencontrés à son mariage ! Cette dernière, très marquée par la disparition de Florence en 2015 (voir p. 27), a converti sa tristesse en un projet de long-métrage (un biopic)... Projet auquel Poupon a activement participé en proposant de retrouver le bateau avec lequel Arthaud l'avait battu en 1990... D'une part pour l'authenticité des scènes du film, d'autre part, symboliquement, pour le barrer lui-même sur la Route du Rhum 2022 !

Recherche, rachat, convoyage depuis les Philippines, où se trouvait le voilier... Poupon a tout géré à bord de son bateau d'exploration polaire avec lequel il naviguait en famille autour du monde depuis 2009... Un événement rocambolesque est d'ailleurs survenu au cours du rapatriement de l'ex-*Pierre 1er* : au large du Yémen, l'équipage est parvenu à déjouer l'attaque d'un commando de pirates armés de kalachnikovs et de lance-roquettes ! L'histoire connaît une belle conclusion : Poupon renomme sobrement et symboliquement son trimaran « *Flo* » et réussit, à 68 ans, à se classer à une honorable septième place en catégorie Rhum Multi (80e au général).

2024
ARKEA UTLIM CHALLENGE

Maxi Edmond de Rothschild

Septembre 2021 au large de Port-la-Forêt : Charles Caudrelier s'entraîne à la barre du Maxi Edmond de Rothschild *pour préparer la Transat Jacques-Vabre.*

Le bateau vainqueur de la première course autour du monde en Ultim et en solitaire

Il nous paraissait impossible d'écrire notre modeste anthologie de la voile sans évoquer le meilleur bateau de course au large jamais construit jusqu'à présent : le *Maxi Edmond de Rothschild*. En effet, depuis 2019, ce bateau – dix-septième création du Gitana Team – truste les victoires sur les plus grandes courses et a établi, en 2021, un record de vitesse de 51,70 nœuds sur l'eau !

Le trimaran est mis à l'eau en juillet 2017. Les premiers objectifs sont confiés à Sébastien Josse, qui obtient notamment une belle deuxième place sur la Transat Jacques-Vabre. Franck Cammas et Charles Caudrelier prennent le relais et remportent, coup sur coup, la Fastnet et la Brest Atlantiques 2019. Le duo échoue par deux fois (en 2020 et 2021) à conquérir le Trophée Jules-Verne, mais obtient la victoire sur la Jacques-Vabre 2021. Cammas se met en retrait et laisse le champ libre à Caudrelier, qui se montre à la hauteur en remportant la Route du Rhum 2022 en un temps record de 6 jours, 19 heures, 47 minutes et 25 secondes (soit 20 heures de moins que le temps de référence de Joyon en 2018).

Ce bateau est un concentré de ce qui se fait de mieux en matière de conception et de construction navales : le profil hydrodynamique des coques, le carénage du cockpit, les appendices (chaque flotteur est équipé de foils géants de 8,80 m en L et d'un safran en T), le pilote automatique et la centrale inertielle qui sont destinés à optimiser la vitesse du bateau tout en maximisant la sécurité… Il n'y a qu'à regarder la chaîne YouTube du Gitana Team et vous pourrez mesurer le niveau d'excellence dans chaque domaine d'expertise ! Aujourd'hui, quand on regarde la voile de compétition (et en particulier les Ultim), on ne parle plus d'une simple équipe constituée autour d'un marin qui veut partir à l'aventure dans une course au large, mais bien d'une « écurie » !

Ce qui a changé la donne et fait basculer la course au large dans des grands prix de vitesse ? Réponse de Cyril Dardashti, le directeur général du Gitana Team : « Le spectacle offert par la finale de la Coupe de l'America 2013 et le niveau de performance atteint avec l'introduction des foils. […] Dans le Gitana Team, on s'est dit : "Il faut faire pareil (voler au-dessus de l'eau), mais à l'échelle d'un tour du monde !" » Il a fallu beaucoup d'audace et des options techniques révolutionnaires…

Dix ans plus tard, le rêve de la famille d'Ariane et de Benjamin de Rothschild sera accompli par Charles Caudrelier sur la première édition de l'Arkea Ultim Challenge. Né à Paris en 1974, le skipper va réussir l'exploit de boucler la première course autour du monde en Ultim et en solitaire (et surtout en volant) en seulement 50 jours, entrant dans le port de Brest le jour de son 50e anniversaire…

50/50

LES PIÈGES DE LA MER

1969

GOLDEN GLOBE CHALLENGE

Donald Crowhurst

LE VOYAGE IMAGINAIRE

Le mensonge le plus incroyable de l'histoire de la voile

Voici la tragique histoire de Donald Crowhurst, né à Ghaziabad, en Inde britannique, en 1932 et mort « on ne sait où » en 1969, l'âme perdue au milieu des océans... Tragique descente aux enfers, surtout, d'un homme qui a perdu la face, perdu l'esprit, perdu la vie...

La vie de Crowhurst n'a jamais été simple. Un déracinement, d'abord : la famille quitte l'Inde à son indépendance et retourne en Grande-Bretagne, où, suite au décès du père de Donald, elle connaît des difficultés financières. Lui, embrasse une carrière de pilote de chasse, mais il quitte rapidement la Royal Air Force pour des raisons restées obscures – officiellement pour insolence. Il rejoint alors l'armée britannique, mais il connaît de nouveaux problèmes disciplinaires...

Cette succession d'échecs lui a-t-elle mis du plomb dans la tête ? Toujours est-il que le jeune homme décide de fonder son entreprise, Electron Utilisation Ltd, et est élu, en 1967, au conseil municipal de Bridgwater. Amateur de navigation, il développe un radiocompas, le *Navicator*, qui connaîtra un certain succès, en dépit des difficultés financières de son entreprise... En 1968, bien que navigateur peu expérimenté, l'Anglais postule à la course autour du monde en solitaire et sans escale imaginée par *The Sunday Times* : le Golden Globe Challenge *(voir p. 35)*.

Pour construire *Teignmouth Electron*, un trimaran de 12 m, Crowhurst hypothèque sa maison et son entreprise ! S'il ne part pas ou s'il échoue à boucler son tour du monde, il aura tout perdu... Or, quand sa femme, Claire, baptise le bateau le 23 septembre 1968, la bouteille de champagne ne se brise pas contre la coque... Un mauvais présage ?

Qu'importe ! Le 31 octobre 1968 à 16 h 52, Crowhurst, neuvième et dernier « aventurier » à prendre la mer, quitte le petit port de Teignmouth sous les yeux inquiets de sa femme et de ses quatre enfants... Les organisateurs, eux, ont fermé les leurs sur le manque de préparation et de maturité de son projet...

Au bout de quelques semaines de mer, peut-être son seul moment de lucidité : Crowhurst réalise qu'il n'a pas le bateau pour un voyage aussi long et aussi dur... Cruel dilemme : continuer vers les mers australes et risquer d'y perdre la vie ou bien faire demi-tour, rentrer bredouille, perdre sa fierté et tout ce qu'il a construit jusque-là... Le contrat inique qu'il a conclu avec son partenaire financier l'a mis dans une impasse...

C'est probablement au large du Cap-Vert que son aventure va connaître un dédoublement scénaristique : d'un côté son discours officiel (les messages et les positions qu'il partagera avec le monde civilisé), de l'autre son destin personnel... Il communique une première « fausse » position le 18 décembre, indiquant qu'il est au sud de l'équateur alors qu'il est en train de faire route vers les côtes sud-américaines... Le 15 janvier 1969, alors qu'il affirme se trouver dans les 40es rugissants, il décide de rompre toute communication radio avec le monde, et ce durant onze semaines ! En réalité, le mythomane se trouve au large de Rio... Il descend le long de l'Argentine en évitant soigneusement de se faire repérer par les cargos. Courant février, il va même mouiller près du rio Salado pour réparer quelques dommages sur son trimaran (acte proscrit par le règlement du Golden Globe Challenge).

En mars, il approche des îles Falkland avant de reprendre contact avec la direction de course le 18 avril pour annoncer son passage au cap Horn... Il apprend, à cette occasion, qu'un seul des engagés, sir Robin Knox-Johnston, approche des côtes anglaises et va réussir ce tour de monde. Le *Sunday Times* et la BBC sont bouche bée : Crowhurst, un bleu de la voile, va-t-il se montrer plus rapide que Knox-Johnston ? Sauf qu'il n'a pas fait le tour de l'Antarctique, il n'a même pas atteint Bonne-Espérance, et à l'époque, en l'absence de moyens pour suivre les navires à la trace, on ne peut se fier qu'à la parole des navigateurs...

Durant les deux mois suivants, il remonte l'Atlantique ; le 23 juin, date de ses derniers écrits dans son journal

Donald Crowhurst.

de bord, il se trouve au niveau des Horse Latitudes. L'Angleterre, croyant à son histoire et à son exploit, est en ébullition face à cette victoire annoncée ! Mais, dans son dernier télégramme, Donald conjure sa femme de ne pas participer aux festivités...

Sur son bateau, l'homme, seul face à la mer depuis des mois, a dérivé dans un monde parallèle, une réalité cosmique... Se sachant incapable d'assumer son imposture, on imagine qu'il a décidé d'en finir avec la vie, avec cette vie... Dernier accomplissement de son voyage imaginaire : il prend quelques jours pour écrire une sorte de testament métaphysique en 25 000 mots...

Le *Teignmouth Electron* sera retrouvé par hasard au milieu de l'Atlantique, le 10 juillet 1969, par le RMV *Picardy*, un navire postal britannique. À bord du trimaran, aucune trace du navigateur – à part trois carnets de bord et les enregistrements qu'il a réalisés pour la BBC.

Cette rocambolesque histoire va éveiller l'intérêt des cinéastes, avec notamment, en 1982, *Les Quarantièmes Rugissants* de Christian de Chalonge et, en 2018, le biopic *Le Jour de mon retour* de James Marsh avec Colin Firth dans le rôle de Crowhurst... Côté livres, n'oublions pas *Seule la mer s'en souviendra*, le roman écrit en 2011 par la légende des mers Isabelle Autissier et dont l'histoire est 100 % inspirée de celle de Crowhurst.

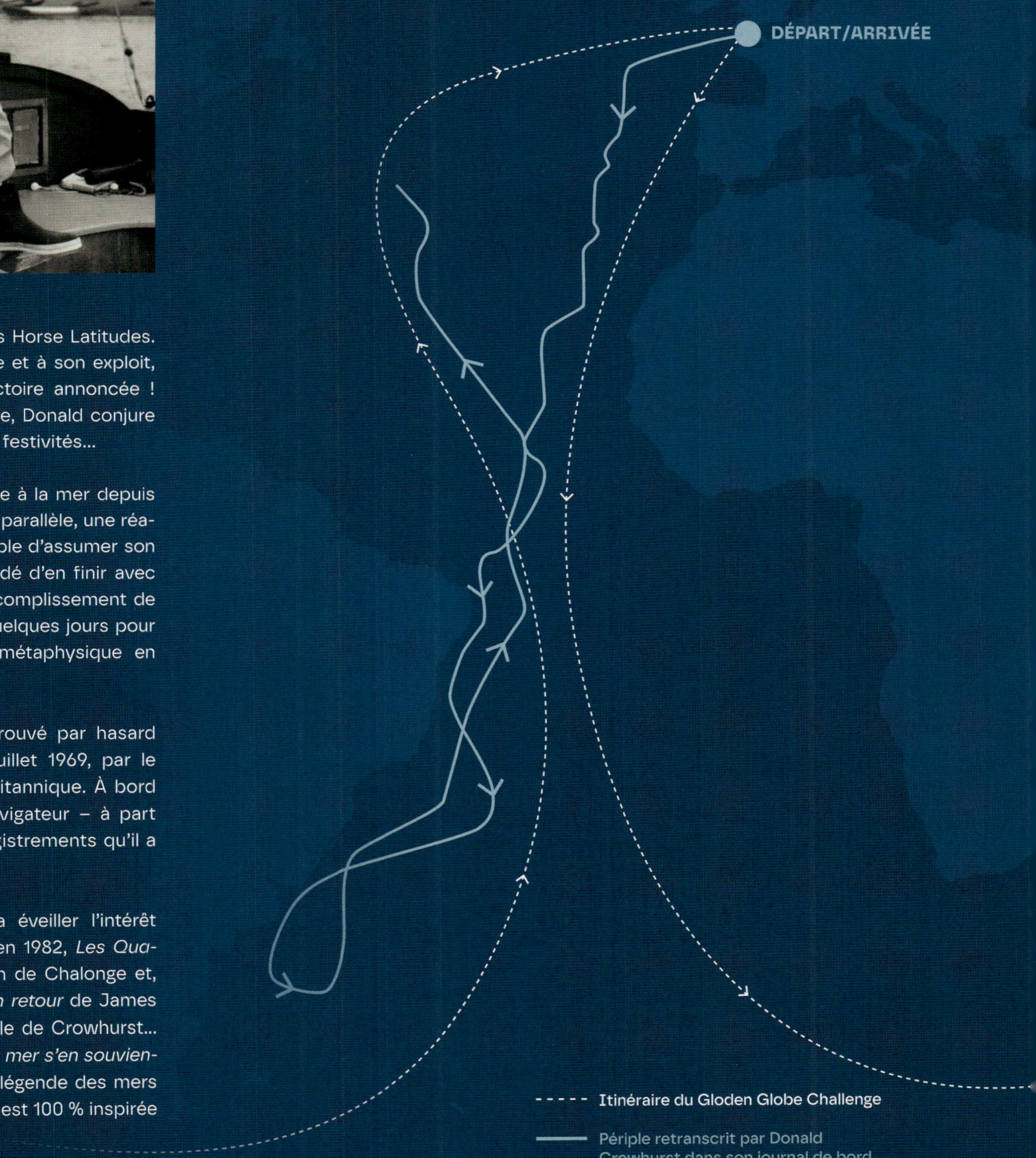

1978
ROUTE DU RHUM

Alain Colas

Alain Colas, en novembre 1973, en escale dans le port de Sydney pendant son tour du monde à la voile en solitaire avec Manureva.

LA MALÉDICTION DE *MANUREVA*

Le destin brisé d'un marin de légende disparu « corps et biens »

James Dean, Daniel Balavoine, Jimi Hendrix, Grace Kelly, Ayrton Senna, JFK, John Lennon… La liste de ces génies foudroyés en pleine ascension est tristement longue… Liste à laquelle nous pourrions ajouter Alain Colas, le « Morvandiau flottant ».

Pour faire simple, comme tous ceux qui ont réussi dans la vie, Colas a forcé son destin : parti en 1965 en Australie, à 22 ans, il se prend de passion pour la voile, qu'il se met à pratiquer intensivement. En 1967, il est recruté comme équipier d'un bateau néo-zélandais engagé dans la course Sydney-Hobart. À l'arrivée, il fait une rencontre décisive : celle d'Éric Tabarly, le vainqueur, qui s'était déjà fait une réputation en remportant la Transat anglaise en 1964 *(voir p. 80)*…

Sous son aile, Colas va apprendre le métier… Notamment en convoyant *Pen Duick III* vers la Polynésie, puis en développant *Pen Duick IV* – le tout nouveau trimaran expérimental gréé en ketch – à Lorient dans l'optique d'une nouvelle participation de Tabarly à la Transat anglaise…

Il y a toujours un moment où l'élève cherche à s'émanciper de son précepteur. Pour Colas, c'est en 1969, quand il décide de racheter *Pen Duick IV*. À son bord, le Nivernais va, à son tour, écrire l'histoire, avec une victoire de la Transat anglaise en 1972 puis un tour du monde par les trois caps (Bonne-Espérance, Leeuwin et Horn) en un temps record l'année suivante… Entre-temps, *Pen Duick IV* est devenu *Manureva*…

Alain a déployé ses ailes mais… vous connaissez peut-être le mythe d'Icare ? Le navigateur voit toujours plus grand, toujours plus rapide. Alors qu'il a trouvé un sponsor pour construire un quatre-mâts de 72 m (le *Phocéa*, destiné à participer à la Transat anglaise 1976 – *voir p. 60*), il veut l'annoncer à deux journalistes de *Paris Match* lors d'une sortie en mer à bord de *Manureva*, mais il se blesse très gravement de retour au port de La Trinité-sur-Mer : son pied se prend dans la chaîne de l'ancre et finit presque entièrement arraché… Il lui faudra 22 opérations en six mois pour conserver son pied… Particulièrement résilient, à bord de son nouveau géant des mers, il finit 2ᵉ de la course, derrière… Tabarly !

Deux ans plus tard, le 5 novembre 1978, Colas est au départ de la première Route du Rhum, sur son *Manureva*. Signe du destin, le coup d'envoi est donné par Tabarly (dont le prochain bateau est en construction). Colas ne verra jamais l'arrivée : le Français n'a plus donné aucun signe de vie après un dernier contact radio le 16 novembre. Optant pour la route la plus directe – l'orthodromie –, *Manureva* menait la course, après le passage des Açores, alors que la flotte allait affronter une violente dépression tropicale…

1979

Alain Chamfort

MANUREVA : GAINSBOURG À LA BARRE

Serge Gainsbourg et Alain Chamfort pendant une séance de travail chez Serge, à Paris, en juin 1981.

L'histoire originale du plus grand tube d'Alain Chamfort

Qui aurait pu croire qu'une chanson sur la disparition d'Alain Colas pourrait faire un tube ? Serge Gainsbourg, lui, y a cru… Histoire tragique que le plus anticonformiste des paroliers a traitée avec l'élégance qu'on lui connaissait…

Printemps 1979, Alain Chamfort est à Los Angeles – là où sont les meilleurs synthés – pour enregistrer *Poses*, son quatrième album. Pour l'un de ses titres, il a composé, selon ses propres mots, une musique « lancinante et dynamique ». Mais il peine à trouver les paroles qui doivent faire harmonie avec elle… Faute de mieux, Chamfort enregistre une première version de la chanson (*Adieu California*). CBS, sa maison de disques, est emballée (parce que c'est Gainsbourg qui en est l'auteur) et s'apprête à graver les 45 tours ! Sauf que, de l'avis de Chamfort, le texte livré par « l'homme à la tête de chou » n'a aucune originalité par rapport à la ribambelle de titres hommages à l'Amérique… Pour preuve, ils sont nombreux à avoir fait des tubes sur le sujet : Joe Dassin (*L'Amérique*, 1970), Maxime Le Forestier (*San Francisco*, 1972), Nicolas Peyrac (*So Far Away from L.A.*, 1975), Eddy Mitchell (*Sur la route de Memphis*, 1976), Michel Sardou (*La Java de Broadway*, 1977), Patrick Juvet (*I Love America*, 1978)…

Chamfort renvoie donc Gainsbourg à sa plume. La suite, il nous la raconte lui-même : « Un soir, il était assez tard, la nuit était tombée. Je reçois un coup de fil. C'est Serge avec sa voix embrumée qui me fredonne *Manu Manureva*… Gainsbourg venait de dîner chez Eugène Riguidel, participant de la Route du Rhum 1978, au cours de laquelle Alain Colas avait disparu avec *Manureva*. J'ai eu un moment de réticence… Le lendemain, il m'a envoyé son texte : il n'y avait plus de doute possible ! » Le chanteur est conquis, *Adieu California* devient *Manureva*, et en quelques semaines la chanson sera le plus grand tube de sa carrière…

Manu Manureva
Où es-tu *Manu Manureva* ?
Bateau fantôme, toi qui rêvas
Des îles et qui jamais n'arrivas
Là-bas (là-bas)

Où es-tu *Manu Manureva* ?
Porté disparu *Manureva*
Des jours et des jours tu dérivas
Mais jamais jamais tu n'arrivas
Là-bas (là-bas)

As-tu abordé les côtes de Jamaïca ?
Oh, héroïque *Manureva*
Es-tu sur les récifs de Santiago de Cuba ?
Où es-tu *Manureva* ?
Dans les glaces de l'Alaska ?

Où es-tu *Manu Manureva* ?
Porté disparu *Manureva*
Bateau fantôme, toi qui rêvas
Des îles et qui jamais n'arrivas
Là-bas (là-bas)

Tu es parti où *Manureva* ?
À la dérive *Manureva*
Là-bas (là-bas)

As-tu aperçu les lumières de Nouméa ?
Oh, héroïque *Manureva*
Aurais-tu sombré au large de Bora Bora ?
Où es-tu *Manureva* ?
Dans les glaces de l'Alaska ?

Où es-tu *Manu Manureva* ?
Porté disparu *Manureva*
Des jours et des jours tu dérivas
Mais jamais jamais tu n'arrivas
Là-bas (là-bas)

Manureva, pourquoi ?
Manureva, pourquoi ?

1979
FASTNET

VAGUES SCÉLÉRATES ET RÉGATE TRAGIQUE

Un membre d'équipage d'hélicoptère descend pour inspecter le Grimalkin à la recherche d'éventuels survivants.

Au cœur d'une dépression sous-estimée, 19 morts en mer Celtique

Créée en 1925, organisée de façon bisannuelle les années impaires, la course du Fastnet a été pendant près de 50 ans l'une des cinq manches de l'Admiral's Cup (une sorte de « Coupe Davis de la voile »). Son parcours historique (de 1939 à 2019) : partir de Cowes (île de Wight), passer entre la Cornouailles (Land's End) et les îles Scilly, rejoindre la pointe sud de l'Irlande, tourner autour du phare du Fastnet, revenir vers l'Angleterre, laisser les îles Scilly à bâbord et finir à Plymouth après 605 milles de navigation le couteau entre les dents…

Parmi les vainqueurs, quelques navigateurs de renom : Peter Blake (1989), Loïck Peyron (2011), Franck Cammas et Charles Caudrelier en 2017 et 2019 sur le *Maxi Edmond de Rothschild*, et le duo François Gabart-Tom Laperche, qui gagne la 50e édition en 2023 avec l'Ultim *SVR-Lazartigue*, véritable « Formule 1 des mers » *(voir p. 72)*…

Si les courses font la légende des champions, elles donnent du relief à l'Histoire avec les drames qui les abîment… Exemple avec la Fastnet 1979. Départ lancé le samedi 11 août malgré une météo incertaine… qui va devenir cataclysmique. Troisième jour de navigation, au cours de la nuit… Une dépression venue du Groenland s'est brutalement creusée en arrivant sur l'Irlande… Selon les relevés de la station météo de Shannon, on parle de vents de plus de 67 nœuds, des navires de commerce naviguant sur zone rapportent des vagues de plus de 14 m ! La flotte est éparpillée entre les premiers qui ont déjà tourné autour du Fastnet et les derniers qui passent à peine les îles Scilly… Démâtages en série, chavirages, voies d'eau… Tout y passe ! Parmi les marins, c'est sauve qui peut ! Quand on n'a pas de VHF (la radio), on tire des fusées de détresse… Sur les 303 navires engagés, seuls 86 réussiront à boucler la course. 24 équipages décident même d'abandonner leur bateau… Cinq de ces navires en déroute finiront par couler, les autres seront retrouvés à la dérive et ramenés à quai. À terre, c'est le branle-bas de combat pour improviser la plus grande opération de sauvetage en temps de paix. 4 000 hommes sont mobilisés ; le *Broadsword*, une frégate britannique de 3 500 tonnes, se déroute pour aller sur zone ; un destroyer hollandais vient même prêter main-forte aux secours britanniques ! Huit hélicoptères de la Royal Navy enchaînent les rotations pour hélitreuiller 97 marins… Au total, 136 personnes seront secourues… Mais malgré cet engagement sans précédent, 19 personnes (dont 15 concurrents) ont péri dans cette tragédie…

Régate dans la baie de Pusan lors des Jeux de 1988.

1988

JEUX OLYMPIQUES

Lawrence Lemieux

Lawrence Lemieux.

HÉROS AU SENS NOBLE

Quand des skippers se désintéressent d'une médaille olympique pour sauver des vies...

En mer, on le sait – et c'est d'ailleurs inscrit dans les conventions internationales et les règlements des courses –, le secours à un (ou des) marin(s) en détresse est une obligation absolue (dans la mesure où l'on ne se met pas soi-même en péril). On mesure évidemment le caractère indiscutable de ce principe en haute mer quand les bateaux sont perdus au milieu de nulle part... Mais on pourrait admettre que lors de régates côtières, les concurrents réfléchissent à deux fois avant de se dérouter pour secourir les membres d'une embarcation à la dérive...

Voici deux histoires qui prouvent le contraire : la vie n'a pas de prix, même quand l'or olympique est en jeu...

Premier exemple lors des Jeux de 1964 avec Lars Gunnar Käll et Stig Lennart Käll, qui participent à l'épreuve Flying Dutchman (voile) dans la baie de Tokyo. Les frères suédois sont en tête de la course lorsqu'une tempête s'est levée et a rendu les eaux de plus en plus houleuses. Derrière eux, le bateau australien de John Dawe et Ian Winter vient de chavirer et les marins n'arrivent pas à se remettre à flot ! Sans hésitation aucune, Lars et Stig font demi-tour, renonçant à leurs chances de médaille, et vont porter secours aux Australiens en détresse ! Adieu l'or olympique : les frères Käll dégringolent à la dix-huitième place (Dawe et Winter vont même finir quatre places devant eux). En revanche, reconnaissant l'acte héroïque des Suédois, le Comité international olympique décide de créer en leur honneur un prix du fair-play, qui récompensera les athlètes faisant preuve d'esprit olympique...

Seconde illustration de ce genre de comportement particulièrement fair-play et responsable qui fait honneur à ceux qui l'adoptent : nous sommes aux Jeux de Séoul en 1988, dans le bassin olympique de voile à Pusan. Trois courses se déroulent en même temps dans la catégorie 470, des bateaux très vifs et légers de moins de 5 m. Lawrence Lemieux mène la dernière manche dans la catégorie individuelle. En cas de victoire, il serait médaillé de bronze. Mais le vent est fort (force 8, plus de 65 km/h), la mer agitée, et Lemieux va faire face au pire. Engagé dans la course en duo, l'équipage de Singapour est à la dérive, un homme est à la mer, blessé à la main, et le gouvernail est cassé. Le Canadien tire un trait sur la médaille et se déroute pour lui porter secours. De retour dans la course, il remontera onze bateaux pour finir 21e de la manche. Pas d'exploit, donc, mais un acte héroïque qui lui vaudra tout de même une médaille, celle Pierre-de-Coubertin !

1989
VENDÉE GLOBE

Loïck Peyron
et Philippe Poupon

COUPLE DE REDRESSEMENT

Fleury Michon de Philippe Poupon repéré par l'avion de recherche à 1 000 milles des côtes.

L'insolite opération remorquage de Peyron pour redresser le bateau de Poupon

Dans cette histoire, il ne s'agit en aucun cas de redressement fiscal ou de redressement judiciaire, mais du redressement d'un bateau en perdition… Quand on parle de « couple de redressement », on fait référence à l'équilibre des forces pour maintenir un bateau à flot (et… à la verticale) ! Et de couple, il en est bien question pour ce sauvetage en haute mer : d'un côté Philippe Poupon (le marin en péril), de l'autre Loïck Peyron (son « dépanneur »).

Nous sommes dans la nuit du jeudi 28 décembre 1989, dans la froide immensité désertique de l'Atlantique sud, à environ 1 000 milles au sud-ouest du cap de Bonne-Espérance. Les concurrents de la première édition du Vendée Globe font face à une importante dépression avec des vents à 40 voire 45 nœuds… « Rien de bien extraordinaire », songe Poupon, qui pense passer ce « coup de vent sans encombre »… Sauf qu'une vague un peu plus forte que les autres va envoyer *Fleury Michon X* (le bateau de Poupon) sur le flanc…

En mer, porter secours à un marin en perdition est un des fondamentaux de la navigation. Principe moral et obligation conventionnelle, quoi qu'il en coûte (comme dirait le président Macron)… On trouve la formalisation de ce principe dans l'article 11 d'une convention internationale (organisée en 1910) pour l'unification de certaines règles en matière d'assistance et de sauvetage maritimes (voir p. 54).

Dans l'urgence, Poupon fait tout son possible pour éviter à *Fleury Michon X* de se retourner complètement, et il se résout, pour la première fois de sa vie, à déclencher sa balise de détresse… Grâce aux données de sa balise Argos (voir p. 62), l'organisation de la course avait remarqué que *Fleury Michon X* semblait à la dérive depuis plusieurs heures et elle avait pris des dispositions pour que, aux premières heures du jour, un Hercules C130 de l'armée sud-africaine parte en reconnaissance sur zone…

De son côté, Loïck Peyron, le concurrent le plus proche (à 130 milles), se déroute pour se porter à son secours. Lui, qui considérera son geste comme anecdotique, va pourtant réussir une manœuvre de haute volée – manœuvre qu'il a entièrement filmée et que vous pouvez visionner sur Internet !

À l'approche de *Fleury Michon X*, Peyron récupère un bout lancé par Poupon et débute un patient remorquage à petite allure… Voyant que le bateau ne se redresse toujours pas, Poupon décide de se débarrasser de son mât d'artimon. Et comme par miracle, *Fleury Michon X* se relève !

Poupon est allé réparer au Cap, et Peyron a repris la course et fini ce tour du monde des pionniers… à la deuxième position, un jour à peine après Lamazou !

Le trimaran BPO (Banque populaire de l'Ouest) durant la Route du Rhum 1990.

1990

ROUTE DU RHUM

Francis Joyon

Francis Joyon.

RECONDITIONNÉ

Le vainqueur de la Route du Rhum 2018 a débuté la course au large avec un bateau de « récupération » !

C'est un euphémisme d'affirmer que Francis Joyon entretient un lien « très particulier » avec la Route du Rhum : parmi les accomplissements les plus marquants de sa carrière de skipper, on se souvient de sa victoire in extremis en 2018 au terme d'une folle remontée sur François Gabart, qui avait mené presque toute la course... 7 jours de navigation à fond les ballons puis 6 heures de régate bord à bord entre les deux marins pour finir par 7 minutes d'écart creusé dans le dernier mille nautique (voir p. 98)...

La fierté de cette victoire (à 62 ans !) devait être proportionnelle aux efforts fournis et aux échecs précédents : 6e en 1998 et 2014, 2e en 2010, 4e en 2022, et un abandon en 2002 (chavirage). Pour prendre la mesure de la réussite du « Beauceron sur la mer » (tel qu'il se surnomme lui-même), il faut remonter 30 ans plus tôt, début 1988... C'est à cette époque que Joyon découvre les deux coques du catamaran *Elf Aquitaine* laissées à l'abandon dans le port de La Trinité-sur-Mer. Bien décidé à les réhabiliter, il négocie des pièces de récup : le bras arrière de *Roger & Gallet* (le bateau d'Éric Loizeau), des voiles de *Pierre 1er* (celui de Florence Arthaud)... Et c'est ce multicoque « reconditionné » qu'il va inscrire à la Route du Rhum 1990, ignorant que le plus dur reste à venir...

En effet, l'organisateur a décidé sur le tard de limiter la taille des engagés à 60 pieds. Pas d'autre solution pour Joyon, déjà arrivé à Saint-Malo, que d'amputer, armé d'une scie égoïne, ses coques de près de 3 m ! Pire, on lui impose un parcours de qualification au large d'Ouessant qu'il va réussir par vent de force 9 !

Entre la panne de son pilote automatique, ses voiles de récupération qui se déchirent, la grand-voile bloquée au troisième ris, les dizaines de litres d'eau qui s'engouffrent par les tableaux arrière fabriqués à la hâte... cette Route du Rhum est un calvaire pour Joyon. Mais le « Beauceron sur la mer » la finira à une belle dixième place, 2 jours et 19 heures après Florence Arthaud (voir p. 27).

On entend souvent cette expression : « Quand y en a plus, y en a encore... » C'est exactement ce que Joyon a dû se dire à propos des « emmerdes » : construit comme un puzzle, son bateau a fini comme un puzzle ! Lors du convoyage qu'il devait réaliser pour ramener son navire « à la base », alors qu'il était déjà à 1 000 milles au nord de Saint-Martin, Joyon a démâté. Véritable cata pour le cata : la chute de l'espar a entraîné une voie d'eau... et la perte du bateau ! Joyon sera heureusement recueilli sain et sauf à bord d'un bananier qui faisait route vers Panama...

Florence Arthaud à bord de Pierre 1er.

CRASH

Image incroyable de *Pierre 1er* qui découpe deux Zodiac de la marine française

Sur le papier, les océans sont tellement vastes qu'il est hautement improbable d'entrer en collision avec quoi que ce soit… Sur le papier seulement… Car l'être humain a tellement multiplié les déchets que, désormais, pas une seule course au large ne se passe sans que les navires ne soient meurtris par une collision avec un OFNI (objet flottant non identifié)…

Plus cocasse, et légèrement désopilant : l'accident subi par Florence Arthaud le dimanche 12 mai 1991 lors du départ de la première étape de la Course de l'Europe. Course par équipes qui s'est déroulée tous les deux ans de 1985 à 1999. En 1991, six étapes doivent mener les concurrents de Lorient à Torquay, Dublin, Lisbonne, Barcelone, Marseille et enfin Santa Margherita. Nouveau détenteur du record de l'Atlantique nord et vainqueur de la Route du Rhum 1990 *(voir p. 27)*, *Pierre 1er* – le trimaran de Florence – est le vaisseau le plus rapide du moment… Et il va le démontrer à ses dépens…

Hélicoptères et vedettes par dizaines rôdent autour des multicoques lancés à pleine vitesse… Le ciel est bleu, mais l'ambiance est électrique… L'excitation est à son comble… Dans ce désordre ambiant, l'incroyable va se produire : Florence Arthaud aperçoit trois Zodiac des commandos de marine en travers de sa route, à quelques mètres seulement des étraves de *Pierre 1er* ! Trop tard… Le bateau est presque à fond, à plus de 25 nœuds : impossible de faire quoi que ce soit ! Sanction « martiale » pour les militaires : deux des Zodiac sont découpés, l'un par la coque centrale, l'autre par le flotteur bâbord ! Les images sont ultra-spectaculaires : l'équipage d'Arthaud raconte que des éléments des Zodiac ont atterri sur le pont, les militaires sont éparpillés façon « puzzle », l'un d'entre eux est même coincé sous la dérive centrale ! Heureusement, aucun décès n'est à déplorer, ni même de blessure grave… Mais *Pierre 1er* doit retourner au port pour 2 jours de réparations… Florence Arthaud manque la première étape et voit ses chances de victoire s'envoler… Elle finira néanmoins la course à la troisième place, derrière Laurent Bourgnon (vainqueur avec *RMO*) et Mike Birch (*Fujicolor*).

En matière de collision, si vous avez encore faim, vous pouvez vous rassasier avec la « casse du siècle » sur la Route du Rhum 2002, lorsque Jean Le Cam a percuté le trimaran chaviré de Franck Cammas *(voir p. 120)*. Ou vous pouvez aller sur YouTube voir par exemple *11th Hour Racing Team*, le leader de la Volvo Ocean Race 2023, se faire involontairement harponner par les Français de Guyot Environnement – Team Europe lors de la dernière étape…

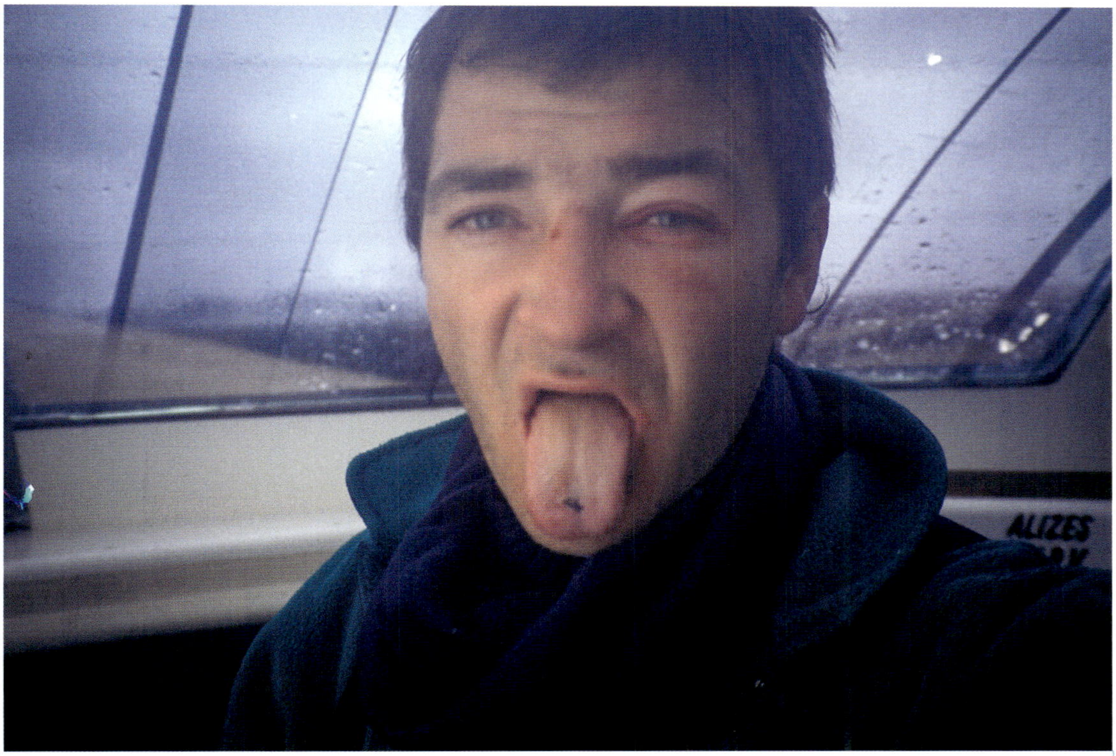

« Selfie » du bout du monde de Bertrand de Broc
après s'être lui-même recousu la langue.

1993

VENDÉE GLOBE

Bertrand de Broc

Il consulte le médecin par télex et se recoud la langue !

HAUTE COUTURE

Être navigateur d'une course en solitaire, ce n'est pas juste savoir lever le flotteur d'un Hobie Cat le long d'une plage de sable fin du Club Med ou faire deux ou trois nœuds marins... Un skipper qui s'élance seul en mer doit être prêt à tout, capable de tout... Et même de pratiquer la médecine ! Exemple avec Bertrand de Broc, qui a dû faire un peu de couture en haute mer durant la deuxième édition du Vendée Globe...

Quinze bateaux ont pris le départ depuis Les Sables-d'Olonne le dimanche 22 novembre 1992. Sept sont rentrés à bon port. Hélas, Bertrand de Broc, pourtant en tête au passage des Canaries, ne faisait pas partie des *finishers*... Sa course s'est arrêtée à Auckland (Nouvelle-Zélande) parce que le cabinet d'architectes de son bateau a découvert une faiblesse structurelle pouvant entraîner la perte de la quille... Pour l'anecdote : le bateau de de Broc était le vainqueur de la première édition du Vendée Globe, il l'avait racheté à Titouan Lamazou...

En réalité, le skipper quimpérois de 32 ans a marqué la course d'une autre façon : courant janvier, lors d'une manœuvre au large des îles Kerguelen, de Broc reçoit son écoute de grand-voile en plein visage ! Le pont du bateau est vite recouvert d'une teinte rougeâtre... Réflexe : demander par télex une assistance médicale à terre pour savoir quoi faire. « 8 janvier 93. 10 h 30, télex de Bertrand : "Alain, je me suis blessé. J'ai le dessus de la langue bien coupé. Préviens J.-Y. Chauve, je saigne beaucoup." » La transmission du message n'est pas instantanée : il faut 20 minutes pour qu'il soit reçu au PC course... Mais le docteur Jean-Yves Chauve est sur le pont et tout va se régler en 2 heures de temps !

Premier conseil du médecin : « Ouvre la mallette ! Il y a du coton. Fais de petites boules, applique-les sur la plaie. Avec une compresse, tu appuies dessus. » Le navigateur : « Oui, mais la blessure fait 2 cm de long et 5 mm de profondeur. » Réponse : « Il faut recoudre, tu piques franchement ! » Un petit miroir, une anesthésie locale, une aiguille courbe, du fil... Bertrand de Broc a ainsi fait de la haute couture en pleine mer !

Moins sanglant mais tout aussi buccal : pendant le Vendée 2012, le Suisse Bernard Stamm a dû réparer une molaire cassée ! De Broc, quant à lui, ne manquant pas d'humour au moment de prendre le départ de cette septième édition, arborait, sur le tableau arrière de son bateau, le logo des Rolling Stones avec une cicatrice en travers de la langue ! Aussi pragmatique que drôle, le marin avait aussi organisé un financement participatif de son bateau. Le deal : 50 euros contre votre nom autour du monde avec EDM Projets !

1996

VENDÉE GLOBE

R. Dinelli,
T. Bullimore,
T. Dubois
et G. Roufs

LA COLÈRE DE POSÉIDON

Thierry Dubois debout sur la coque de son monocoque renversé.

Les quatre tragédies d'un Vendée Globe 96 dantesque

La troisième édition du Vendée Globe, partie des Sables-d'Olonne le dimanche 3 novembre 1996, devait être celle de la fête de la Voile… Mais les conditions météo dantesques qui ont poursuivi la flotte tout au long des trois mois et demi de navigation ont transformé la course en cauchemar, et même en tragédie…

Si les deux premières éditions ont été courues par des « marins », au départ de cette troisième édition, on découvrait une nouvelle race de compétiteurs – des navigateurs-ingénieurs – et des innovations majeures : la quille basculante *(voir p. 67)*, le mât-aile en carbone *(voir p. 66)*… Les concurrents devenaient joignables par téléphone par satellite et pouvaient même recevoir des données sur leur ordinateur de bord… D'ailleurs, les concurrents de ce Vendée 1996 ont milité pour disposer des données météo et pour la création d'un service médical accessible 24h/24 par fax ou radio.

À raison, car la météo justement a joué un rôle absolument crucial cet hiver-là, offrant tempête sur tempête comme plat de résistance… À commencer dès la première nuit pour la traversée du golfe de Gascogne avec des vents soufflant à 40 nœuds… Nombre de concurrents, dont Tony Bullimore et Thierry Dubois, ont dû faire demi-tour pour réparer quelques avaries aux Sables-d'Olonne et reprendre la mer avec déjà un débours sur le chrono…

La course ne les attendra pas : devant, ils sont quatre à l'approche de l'océan Indien… Christophe Auguin, Isabelle Autissier, Gerry Roufs et Yves Parlier. Et bientôt plus qu'un seul… Autissier doit se dérouter sur Le Cap pour réparer son safran brisé par une collision. Parlier va connaître la même infortune… Tempête dans les cerveaux pour gérer ces avaries, et surtout tempêtes nombreuses et parfois monstrueuses sur les océans… « Mer Nature » aux forces surnaturelles va dicter sa loi à quatre malheureux prétendants du Vendée…

Tout commence avec Raphaël Dinelli, qui a déclenché sa balise de détresse le jour de Noël. Le skipper d'*Algimouss* est le seizième concurrent d'une course qui n'en compte officiellement que quinze : suite à une défection de son sponsor, il n'a pas pu se qualifier pour le Vendée Globe, mais il a, malgré tout, décidé de se présenter au départ avec le bateau que barrait Philippe Jeantot lors du premier Vendée Globe. Pour l'anecdote, Dinelli avait hissé en haut de son mât un pavillon noir : celui des pirates !

Ce mercredi 25 décembre 1996, les mers du Sud n'ont pas fait de cadeau à Dinelli : traversant une sévère tempête au sud-est des îles Kerguelen, *Algimouss* part en surf et se fait retourner telle une crêpe par une vague scélérate… Le Français, qui est à l'intérieur du bateau à ce moment-là, se retrouve bringuebalé comme dans le rouleau d'une machine à laver et s'aperçoit avec effroi que le bateau n'est plus étanche du tout : l'eau commence à entrer par les hublots, le mât a traversé le pont et transpercé la coque…

Dinelli se réfugie alors sur le pont et se harnache avec tout ce qu'il trouve. Six heures après l'accident, un avion militaire australien vient survoler la zone et largue un canot de sauvetage. Dinelli n'a d'autre solution que de quitter son bateau qui est en train de couler, de se hisser à bord de ce canot et de prier pour qu'on vienne le secourir…

Son ange gardien – parce qu'il en aura un – s'appelle Pete Goss ! Le navigateur britannique se déroute et va

Un canot de sauvetage de la marine à l'approche du bateau de Tony Bullimore (Exide Challenger).

naviguer 160 milles au travers de vents à 130 km/h et de vagues de 10 m de haut… Sans exagérer : il raconte qu'il a dû gérer un chavirage toutes les demi-heures ! Cette histoire finira de la plus belle des manières : Goss réussit à retrouver le canot de Dinelli au bout de 36 heures et les deux marins cohabiteront 12 jours à bord d'*Aqua Quorum*, le temps de faire connaissance et de nouer des liens solides, à tel point qu'en 1997 le Français a demandé au Britannique d'être son témoin de mariage !

Les deuxième et troisième drames à secouer le Vendée Globe 1996 concernent Tony Bullimore et Thierry Dubois. Nous sommes le dimanche 5 janvier 1997 quand les deux hommes, qui naviguent à 15 milles l'un de l'autre, déclenchent en même temps leur balise de détresse. Les organisateurs ont plusieurs motifs d'inquiétude : primo, la zone est parsemée de dangers (notamment les icebergs) ; secundo, elle est tellement éloignée de toute côte (à 1 400 milles du port de Perth, au sud-ouest de l'Australie) qu'aucun hélicoptère ne peut s'y rendre ; tertio, aucun des deux navigateurs ne répond à la radio… Autre problème : retardés par des avaries en début de course, ils sont loin derrière leurs concurrents et aucun marin ne peut venir à leur secours… Les avions militaires australiens sont une nouvelle fois mis à contribution et retrouvent les deux bateaux à l'envers. Thierry Dubois est monté sur sa coque et rejoint le canot pneumatique qui vient de lui être lancé. Il y passera 3 jours et 3 nuits avec la hantise de mourir d'hypothermie… Plus inquiétant en revanche : Bullimore ne donne aucun signe de vie… Est-il encore dans son bateau ? A-t-il été projeté à la mer ? En vérité, le Britannique va passer 86 heures de cauchemar dans une petite poche d'air à l'intérieur de sa coque retournée – sans savoir si son « SOS d'un marin en détresse » a été entendu – avant d'être retrouvé et sauvé par une frégate de la marine australienne. La même qui venait de secourir Thierry Dubois quelques heures auparavant…

Dernier drame et, à vrai dire, une tragédie cette fois-ci : le mardi 7 janvier, alors que Bullimore et Dubois viennent d'être sauvés, l'organisation de la course apprend que Gerry Roufs, récent vainqueur de la Transat anglaise, vient à son tour de déclencher sa balise… Il était en deuxième position de la course, mais à 4 000 km de la côte la plus proche… Son dernier message : « Les vagues ne sont plus des vagues, elles sont hautes comme les Alpes ! » Quatre concurrents sont venus quadriller la zone de recherche : Marc Thiercelin, Éric Dumont, Bertrand de Broc et surtout Isabelle Autissier, qui a chaviré à cinq reprises avant de renoncer… morte de fatigue. Le corps de Roufs n'a jamais été retrouvé ; son bateau, en revanche, si…

Comme souvent dans notre civilisation, il faut des tragédies pour que l'homme se remette en question et progresse : l'organisation du Vendée Globe a tiré des enseignements précieux de ces drames et pris des décisions particulièrement sages en termes de sécurité. D'abord, permettre à tous les bateaux de se redresser en cas de chavirage grâce aux quilles basculantes. Ensuite, si malgré cela le bateau se retrouve à l'envers, faire en sorte qu'il soit repérable avec une coque et des appendices de couleur fluo. Enfin, éviter les risques de collision avec des icebergs en créant une ZEA (Zone d'exclusion antarctique), où les concurrents n'ont pas le droit de naviguer.

PPDA au JT de TF1.

Alain Gautier, vainqueur du Vendée Globe 1992, à la barre de Bagages Superior.

CANULAR

20 heures de TF1 : un inconnu usurpe l'identité d'Alain Gautier

Jeudi 11 mars 1993, le célèbre journaliste Patrick Poivre d'Arvor croit tenir un scoop : il a réussi à organiser l'interview d'Alain Gautier, le vainqueur de la deuxième édition du Vendée Globe, alors qu'il est encore à 24 heures de mer des Sables-d'Olonne ! L'entretien est prévu pour l'ouverture du journal. À cette époque, le 20 heures de TF1 rassemble autour de 10 millions de téléspectateurs devant leur poste… Sur le plan sportif, Alain Gautier, à la barre de *Bagages Superior* (un plan Finot-Conq), va boucler son tour du monde en 110 jours, 2 heures, 22 minutes et 35 secondes, avec plus de 6 jours d'avance sur Jean-Luc Van Den Heede. « PPDA », comme on l'appelle dans la profession, est un mordu de voile et voue une adoration à Titouan Lamazou (vainqueur entre autres de la première édition du Vendée Globe). On n'ose donc imaginer l'exaltation qu'a pu lui provoquer la perspective d'avoir Gautier en direct dans son journal ! Sauf que l'interview va vite tourner au vinaigre… En voici la transcription.

PPDA. – Alors, pas trop déçu de ne pas pouvoir battre le record de Titouan ?
Mr X. – Euh, c'est secondaire. Tant que je n'ai pas franchi la ligne d'arrivée, je ne peux rien dire, mais c'est l'aboutissement de plusieurs mois, plusieurs années de travail… Je suis heureux, quoi !
PPDA. – Est-ce qu'en ce moment vous vivez cette peur, cette crainte de retrouver l'entourage, de retrouver votre petite Minon, de retrouver votre femme, mais surtout de retrouver ce monde qui vous attend aux Sables-d'Olonne ?
Mr X. – Je me délecte des derniers moments de solitude. Là, il va y avoir tout un tas de crétins de journalistes qui vont me tomber sur la gueule. Ça ne m'amuse pas tellement.
PPDA, plein de repartie. – Heureusement que je vous interviewe avant les autres !
Mr X. – Vous croyez quoi ? Vous ne valez pas un clou non plus. Moi, j'ai fait un tour du monde, c'est quand même mieux que les voyages que Botton vous a payés *[ndlr : référence aux soupçons de corruption de l'homme d'affaires envers le journaliste]* !
Séquence que le présentateur star de TF1 ponctuera par un sobre « Ce sont les risques du direct »…

À l'origine de cet incroyable canular ? Un petit plaisantin qui avait intercepté une vacation radio sur grandes ondes durant laquelle Philippe Jeantot (l'organisateur de la course) communiquait à Alain Gautier l'horaire et le numéro de téléphone de TF1… Appelant la rédaction à l'heure dite, il s'était fait passer pour le skipper pendant que… le vrai Alain Gautier s'était fait raccrocher au nez par les équipes de la chaîne, qui l'avaient pris pour un imposteur ! Un comble…

Yves Parlier reconstruisant son mât dans une crique de l'île Stewart lors du Vendée Globe 2000.

2000
VENDÉE GLOBE

Yves Parlier

LE ROBINSON DES ANTIPODES

Bricolage et survie : l'incroyable ingéniosité d'un marin-ingénieur

De cette quatrième édition du Vendée Globe, l'histoire a retenu deux choses. D'abord, la brutale augmentation de performance : après Titouan Lamazou (109 jours en 1990), Alain Gautier (110 jours en 1993) et Christophe Auguin (105 jours en 1997), Michel Desjoyeaux remporte la course en 93 jours, 3 heures et 57 minutes. Ensuite, un exploit qui a eu un retentissement médiatique absolument phénoménal : l'épopée d'Yves Parlier, qui a réussi à boucler son Vendée malgré un démâtage à mi-parcours... Retour sur cette aventure...

Depuis le départ des Sables, on assiste à une régate à trois avec Michel Desjoyeaux, Roland Jourdain et Yves Parlier. Les marins-pilotes martyrisent leurs navires... Peut-être au-delà du raisonnable... Dans la nuit du 17 au 18 décembre, Parlier rencontre un problème de pilote automatique, mais il ne réagit pas assez vite et son monocoque, *Aquitaine Innovations*, bute dans les immenses vagues des mers du Sud... Catastrophe : le mât se brise en trois parties ! Seulement douze de ses 25 m tiennent encore debout... Parlier sécurise son bateau, il rassure son équipe à terre et prévient qu'il reste en course !

Mobilisant ses connaissances d'ingénieur en matériaux composites, le Français fait calmement l'inventaire des dégâts et il rassemble les pièces du puzzle pour bricoler un gréement de fortune. Sur les conseils de Peter Blake, Parlier met le cap sur l'île Stewart (Nouvelle-Zélande), où il passera 10 jours pour prolonger de 6 m son moignon de mât, sous les yeux d'un journaliste de *Paris Match* et d'un photographe dépêchés sur place.

La chirurgie réparatoire de Parlier tient proprement du génie. Exemple : pour polymériser la résine servant à coller la « prothèse » de mât, il imagine un four électrique à partir des feux de route du bateau qu'il va introduire à l'intérieur de la zone de jonction ! MacGyver n'aurait pas fait mieux ! Une expérience qui inspirera quelques années plus tard à Parlier l'idée du LibertyKite Safety.

Le « Robinson des antipodes » reprend sa route le 17 janvier et mettra deux mois pour rallier Les Sables-d'Olonne après 126 jours, 23 heures et 36 minutes. Ces 33 jours de plus que Desjoyeaux ont posé un gros problème logistique à Parlier, qui a dû se rationner et même manger des algues... Au large du Brésil, il raconte avoir craqué psychologiquement et mangé en 2 jours l'équivalent de 15 jours de rations ! Heureusement, l'issue de cette aventure a connu une fin heureuse : le Français a fini par passer la ligne des Sables, sain et sauf. Un héros heureux mais épuisé et amaigri de 10 kg...

2001

Sir Peter Blake

ALL BLAKE

Le monstre sacré de la voile tué par des pirates en Amazonie

Les mythes qui alimentent notre histoire le sont, en général, jusque dans la mort. La preuve avec sir Peter Blake, légende emblématique de la voile, dont l'itinéraire de vie révèle un talent inné pour la navigation, et surtout une persévérance à toute épreuve…

Commençons par l'enfance du champion : Peter naît en 1948 à Bayswater, dans la banlieue d'Auckland (Nouvelle-Zélande). Brian, son papa, commandant de canonnière (un navire de guerre léger), lui construit un petit dériveur en bois de 7 pieds quand il a 8 ans… À 13 ans à peine, il barre le *Ladybird*, un voilier de 34 pieds acheté par ses parents, sur lequel il vogue jusqu'aux Tonga et aux Fidji. Pendant ses études en génie mécanique à l'Institut technique d'Auckland, il construit lui-même son propre voilier dans un hangar de fortune installé au fond du jardin familial. Avec son *Bandit* – le nom du petit quillard de 23 pieds –, Blake « vole » et gagne : dès sa première saison de compétition, il remporte le championnat junior offshore 1967-1968 ! Lui qui mesure 2,05 m (pas pratique pour passer sous la bôme) a déjà tout d'un grand !

La pépite fait une rencontre décisive, celle de Leslie Williams et sir Robin Knox-Johnston, auprès de qui il va tout apprendre de la course au large… C'est à leur service qu'il participe aux deux premières éditions de la Whitbread *(voir p. 37)*. 1973 est pour lui un véritable échec : le bateau est très mal préparé, les toilettes ne sont pas correctement installées, les eaux usées croupissent dans le fond de cale, il pleut dans les cabines… En 1977, le bateau – *Condor of Bermuda* – est neuf, le mât en carbone est révolutionnaire, mais l'équipage manque encore d'expérience et termine bon dernier…

Blake participe activement aux travaux de rénovation du *Condor* et en devient le skipper officiel. À sa barre, il remporte la tragique Fastnet 1979 *(voir p. 108)*. Deux ans plus tard, il se présente à la troisième édition de la Whitbread aux commandes de *Ceramco New Zealand*, un sloop de 30 m conçu par un génial architecte naval, un certain Bruce Farr. Son classement final (11e) est anecdotique. En revanche, la force de caractère

Peter Blake à bord du *Seamaster* en 2000.

que Blake a démontrée lors de la première étape le fait entrer dans le cœur des passionnés de voile : 23 jours après le départ, le Néo-Zélandais démâte alors qu'il est encore à 2 500 milles du Cap ! Refusant d'abandonner, il choisit de rallier l'arrivée sous gréement de fortune en élargissant au passage sa route de 1 500 km pour naviguer au portant ! Le héros a eu raison de serrer les dents : après une sixième place sur la deuxième étape, Blake remporte deux victoires de prestige à Auckland et Portsmouth !

Sur la quatrième édition, malgré deux collisions avec des baleines sur les troisième et cinquième étapes, son *Lion New Zealand* termine à la deuxième place. À force de persévérance, la quête de Blake prend fin lors de la cinquième édition, et ce « avec la manière » : à la barre de *Steinlager 2*, né d'une nouvelle collaboration avec Bruce Farr, le Néo-Zélandais va remporter non seulement le classement général, mais également chacune des six étapes !

En 1993, à la recherche de nouveaux défis, Blake propose à Knox-Johnston de l'accompagner dans celui du Trophée Jules-Verne *(voir p. 44)*. Leur bateau, *Enza*, est un catamaran de 80 pieds qui, lors de sa construction en 1983, était le plus grand du monde. Leur première tentative avortera après 26 jours de course, suite à une collision avec un OFNI (objet flottant non identifié)… Persévérance un jour, persévérance toujours : le duo revient l'année suivante, après avoir apporté de substantielles améliorations au bateau. Plus performant de 15 %, *Enza* met 4 jours de moins que le *Commodore Explorer* de Bruno Peyron en 1993 pour boucler le tour du monde. Poussé à la limite, le catamaran a même manqué de chavirer au 24e jour de course ! Catastrophe évitée de justesse,

Petite pause pour Peter sur le pont d'Enza (février 1994).

mais, dans l'affaire, Blake, qui s'est cassé quelques côtes, a dû rester confiné 5 jours dans sa cabine pendant que son équipage naviguait à tombeau ouvert...

Après les courses au large et les tours du monde avec et sans escales, Blake s'offre un ultime challenge en acceptant de diriger le défi néo-zélandais à la Coupe de l'America. Avec Russell Coutts comme skipper, il réalisera l'exploit historique de remporter le trophée en 1995 et de le conserver en 2000 : deux victoires 5-0, l'une contre *Young America*, le *defender* américain, dirigé par Dennis Conner, et l'autre contre *Luna Rossa*, le challenger italien !

Le doute n'est plus permis, Blake est bel et bien devenu un héros national, et a même été anobli par la reine d'Angleterre ! Preuve de sa noblesse d'esprit : en 1997, quand Olivier de Kersauson remporte à son tour le Trophée Jules-Verne, le Néo-Zélandais le lui remet les mains enveloppées de gants blancs...

Après avoir gagné tout ce qui se fait de mieux à la voile, Peter décide en 2001 de lever le pied pour s'investir au service de justes causes... Le commandant Cousteau le choisit pour prendre la tête de sa fondation... Blake rachète à Jean-Louis Étienne son bateau d'exploration polaire (que nous connaissons aujourd'hui sous le nom de *Tara*) et emmène des enfants à son bord pour les sensibiliser à la préservation de notre planète... Hélas, mille fois hélas, celui qui avait débuté sa carrière sur un *Bandit* va finir sa vie face à des bandits : le 5 décembre 2001, alors qu'il vogue dans l'embouchure du fleuve Amazone, il est assassiné par des pirates qui n'ont trouvé sur son bateau que quelques montres et un moteur de 15 CV...

2002

ROUTE DU RHUM

Franck Cammas
et Jean Le Cam

CASSE DU SIÈCLE

Franck Cammas sur la coque de son trimaran renversé, au large de Roscoff.

Un carambolage et 15 abandons : 2002 ou la « déroute » du Rhum

Il n'y a rien de pire, dans la voile de compétition, que les courses rossées par une météo déchaînée… Exemple tragique avec la Fastnet 1979 *(voir p. 108)*, illustration spectaculaire mais heureusement moins dramatique au cours de la Route du Rhum 2002… ou plutôt de la « déroute » du Rhum !

Nous sommes dans la nuit du dimanche 10 au lundi 11 novembre 2002. Les monocoques sont partis la veille. Les multi ont pris la mer il y a 8 heures… Mais comme le chante si bien Renaud, « c'est pas l'homme qui prend la mer, c'est la mer qui prend l'homme… » Au bout du périple, seuls trois rescapés rallieront la Guadeloupe sur les dix-huit inscrits dans la catégorie phare des ORMA (les trimarans de 60 pieds). Histoire de la « casse du siècle »…

La course est partie tambour battant : devant, Loïck Peyron et Franck Cammas ont régaté tout l'après-midi dans la houle et régalé les foules… jusqu'au point de « bascule »… Il est 20 h 30, au large de Morlaix, Cammas, payant sûrement un manque de prudence vis-à-vis d'une mer délicate, ruine tous ses espoirs de victoire par un brusque chavirage !

Quelques heures après sa manœuvre malheureuse, le Français reviendra sur son abandon : « Les multicoques, ça marche en équilibre, et au-delà de l'équilibre c'est le chavirage et ça revient pas. […] Donc pour faire avancer des multicoques, faut se mettre près du risque maximum, quoi ! Donc on essaie de le titiller plus ou moins quand on est en forme. »

En attendant, la nuit est bien sombre sur la course : à peine quelques minutes après le chavirage de Cammas, Jean Le Cam, sur la même trajectoire, vient percuter de plein fouet l'épave de *Groupama* ! Scénario incroyable d'un carambolage en pleine mer ! Et lorsque Bertrand de Broc, qui passe à quelques dizaines de mètres de cette impensable collision, manque de chavirer à son tour, il décide de rentrer au port, effrayé par cette série noire…

De son côté, Cammas refusera d'être hélitreuillé par les secours, pensant avant tout à son bateau : *Groupama* et *Bonduelle*, enchevêtrés l'un sur l'autre, auront bien du mal à se séparer…

Les jours de cette septième édition vont se suivre et… se ressembler… Avec leur lot quotidien d'abandons… Le 15 novembre, soit 5 jours seulement après le départ, la flotte des tri est déjà étrillée : exit les Lemonchois, Joyon, Bourgnon, Peyron, ou encore Coville !

De l'autre côté de l'Atlantique, Ravussin, promis à la victoire, commet une erreur de navigation et chavire lui aussi. Le trophée reviendra finalement à Michel Desjoyeaux (à la barre de *Géant*), devant Marc Guillemot (*Biscuits La Trinitaine*) et Lalou Roucayrol (*Banque populaire*).

2008
VENDÉE GLOBE

Yann Eliès

Victime d'une fracture du fémur, Eliès est pris en charge par la marine australienne.

36 heures de survie avec une fracture du fémur

SURVIVOR

Instinct de survie : « Tendance innée à des actes déterminés, exécutés parfaitement sans expérience préalable dans le but de se maintenir en vie. » Un exemple pour illustrer cette définition du *Petit Robert* ? La façon dont Yann Eliès a survécu à son accident sur le Vendée Globe 2008…

C'est la première participation du Briochin. À 34 ans, il a remporté deux fois le Trophée Jules-Verne comme équipier de Bruno Peyron (en 2002 et 2005). En tant que skipper, il a déjà deux titres de champion de France de course au large en solitaire (2004 et 2006). Plus tard, il suivra la trace de son papa, Patrick, vainqueur de la Solitaire du Figaro 1979 avec un grand chelem, en remportant cette même course trois fois (en 2012, 2013 et 2015) ! Ajoutons à son palmarès ses trois victoires de la Transat Jacques-Vabre (2013, 2017 et 2019).

Mais revenons à ce Vendée 2008… Après la difficile traversée du golfe de Gascogne – de nombreuses manœuvres, du stress, peu de sommeil pour les marins qui jouent la « gagne » –, le 29 novembre, Eliès exulte : il est premier au classement ! L'occasion d'en rajouter dans l'engagement… Mais aussi le risque de voir l'accumulation de fatigue nuire à sa lucidité… Un mauvais choix tactique… et ceux qui ont pris une route plus au sud repassent devant lui. Yann dégringole au classement… Alors, il en remet une couche…

C'est au bout de cette spirale négative, le 18 décembre (au 38e jour de course), que l'accident est arrivé : un pilote automatique déréglé, plusieurs départs à l'abattée… Yann se harnache et part faire un réglage à l'avant… Mais son bateau accélère à 20 nœuds sans qu'il ne puisse rien y faire… L'étrave se plante brutalement dans un mur d'eau. Eliès est éjecté comme un pantin, suspendu au bout-dehors par son harnais… À 800 milles au sud de l'Australie… Il a senti un gros « crac » dans sa jambe gauche, elle est à l'équerre… Une douleur insupportable… Comprenant l'extrême gravité de la situation, il réussit à se hisser sur le pont. Rampant centimètre par centimètre, il retourne dans le cockpit, met le bateau à la cape et descend dans sa cellule de survie pour se glisser dans sa nacelle. Un coup de téléphone satellite pour prévenir son staff. Et il ne reste plus au courageux qu'à prendre son « mal » en patience… De toute façon, dans son état, Yann ne peut plus rien faire… Même pas aller chercher de l'eau ou des antidouleurs ! Samantha Davies et Marc Guillemot vont se dérouter pour porter secours au Français. Le calvaire d'Eliès prendra fin au bout de 36 heures, grâce à l'intervention d'une frégate de la marine australienne…

2008

TROPHÉE JULES-VERNE

Franck Cammas

20 février 2008, à 93 milles au large de la côte d'Otago (sud de la Nouvelle-Zélande) : des plongeurs acheminés par hélicoptère au chevet de l'équipage de Groupama 3.

CAMMAS ULTRA

Les figures acrobatiques du « petit Mozart de la voile »

Savoir se maintenir sur le fil, dans un subtil équilibre entre « trop ambitieux » et « trop prudent »... Le cap, le choix des voiles, leur taille, leur tension, l'angle de gîte, la hauteur de vol, les efforts de structure... Un skipper de compétition doit avoir l'œil et le cerveau partout ! Une tête bien faite dans un corps bien fait... C'est d'ailleurs pour cela que les grands navigateurs sont désormais à la fois de brillants ingénieurs et d'excellents sportifs !

Illustration concrète avec Franck Cammas, qui a fait – pour la tête – math sup, math spé et le conservatoire de piano ; et qui avait l'habitude – pour le corps – de se préparer (avec ses coéquipiers) en effectuant des opérations commandos autour du mont Blanc, bien guidé par Éric Loizeau *(voir p. 26)*...

Cammas est ultra en tout. En course d'abord : quatre Transat Jacques-Vabre (2001, 2003, 2007 et 2021), une Route du Rhum (2010), une Solitaire du Figaro (1997) et deux Fastnet (2019 et 2021). Du côté des records, ensuite, dont il a possédé certains : l'Atlantique nord *(voir p. 89)*, la distance sur 24 heures, la Route de la Découverte, Miami-New York, etc. Et puis le Jules-Verne, ce défi créé en 1993 qui a attiré les plus grands...

Franck Cammas a conquis le mythique trophée le 20 mars 2010 à la barre d'un bateau spécialement conçu pour cet objectif (*Groupama 3* – *voir p. 87*). Réalisant le tour du monde en 48 jours, 7 heures, 44 minutes et 52 secondes, il battait Bruno Peyron de plus de 2 jours... et presque deux ans plus tard, le 6 janvier 2012, se faisait dépasser par son frère Loïck (Peyron)... Histoire de famille !

Cammas est ultra dans la persévérance aussi, car le Jules-Verne ne se laisse pas conquérir dans la facilité ! Et le « petit Mozart de la voile » en a fait deux fois l'amère expérience... En 2009, il brisait son flotteur bâbord après 11 jours de course, mais c'est surtout la cabriole de 2008 qui a dû donner à l'équipage quelques sueurs froides !

Parti le 24 janvier 2008 de Brest, le trimaran a chaviré le 18 février au large de la Nouvelle-Zélande, à cause, déjà, de la casse d'un flotteur. Il avait alors une journée d'avance sur le temps de référence d'*Orange 2* de Bruno Peyron...

Voyant l'inexorable arriver (le bateau qui gîte jusqu'à se retourner), l'équipe de quart a eu l'excellent réflexe de rassembler tout le monde à l'intérieur de la coque centrale (combien de marins ont fait la dure expérience d'une chute de près de 15 m lors du chavirage de leur trimaran !). La première pensée de Cammas, à quatre pattes dans ce bateau retourné ? Le ramener en France pour le remettre en état et repartir au combat ! Cammas ultra !

Photo prise par la marine chilienne survolant VM Matériaux. Pas de trace de Le Cam : il est reclus dans sa « cellule de survie »...

2009
VENDÉE GLOBE

Jean Le Cam
et Vincent Riou

SAUVETAGE AU CAP HORN

Le Cam perd son bulbe et se retourne à 200 milles du cap Horn

« Doubler » le cap Horn, comme on dit chez les « voileux », est un accomplissement marquant dans la vie d'un navigateur, car y parvenir est souvent synonyme d'avoir fait le tour de l'Antarctique et navigué à travers les 40es rugissants et les 50es hurlants...

Jean Le Cam l'a franchi six fois en compétition et aurait pu ajouter un septième passage à l'occasion de la sixième édition du Vendée Globe... Nous sommes dans la nuit du 6 au 7 janvier 2009, au 57e jour de course, à 200 milles à l'ouest du cap Horn : Jean Le Cam (3e) se bat avec Roland Jourdain derrière Michel Desjoyeaux. Il est 2 h 40 du matin lorsque l'incroyable va se produire : *VM Matériaux*, son bateau, roule et se retourne... Les IMOCA étant conçus pour être autoredressants, si celui de Le Cam n'est pas parvenu à le faire, c'est que le problème est grave... Et à raison : l'arrière du bateau est immergé, la trappe de sortie est sous l'eau et Le Cam n'a plus aucun moyen de communication... Heureusement, il a pu déclencher sa balise Cospas-Sarsat !

Branle-bas de combat à la direction de course ! Denis Horeau prend en main le déploiement des secours avec le MRCC (le service international de sécurité en mer)... Un avion militaire chilien localise la coque retournée de *VM Matériaux* à 9 h 50 et confirme que le bateau a perdu le bulbe de plomb de sa quille – pas étonnant que, sans ce contrepoids de 3 tonnes, le bateau ne puisse pas se redresser ! En revanche, aucune trace de Le Cam... Un pétrolier chinois battant pavillon des Bahamas (le *Sonangol Kassanje*) arrive sur zone mais refuse de mettre un canot à l'eau au vu des conditions de la mer... Il est très vite rejoint par deux concurrents du Vendée déroutés par Horeau : Vincent Riou (derrière qui Le Cam avait fini 2e en 2005) et Armel Le Cléac'h.

Mais sans radio, impossible de savoir si le naufragé est bien dans son bateau – et vivant... Riou lance alors un objet contre la coque de *VM Matériaux*. Le Cam répond en déclenchant une fusée de détresse à travers le petit trou du passe-coque et décide de sortir de son « refuge »... Une grande respiration, une plongée dans les eaux glaciales des 50es hurlants et le courageux saisit l'une de ses dérives. Riou, voyant Le Cam se montrer, lui lance un bout et le tire jusque sur le pont de *PRB*. À 20 h 15, la direction de course apprend que le Français est sain et sauf, après 18 heures d'angoisse...

Le hic, c'est que dans la manœuvre l'un des outriggers de *PRB* s'est cassé en heurtant la quille de *VM Matériaux*, et *PRB* a fini par démâter... Malgré son abandon, la direction de course a remercié Riou pour le sauvetage de Le Cam en le reclassant à la troisième place.

2020

VENDÉE GLOBE

Kevin Escoffier
et Jean Le Cam

NUIT BLANCHE DANS LES 40^{ES}

Kevin Escoffier secouru par la marine nationale.

Le Cam à la rescousse de *PRB*, douze ans après avoir été lui-même secouru par… *PRB* !

Lundi 30 novembre 2020, nous sommes en plein milieu d'après-midi en France… Le portable de Sabrina Millien (compagne de Kevin Escoffier) se met à sonner. Au bout de la ligne, Fabienne Morin – qui gère la communication du Team PRB – attaque de but en blanc : « Tu es où ? Tu es toute seule ? *(Silence.)* Sab, Kevin a déclenché sa balise de détresse… »

40° sud 09° est. Il est 14 h 46. Le Français est à 1 000 km de la ville du Cap quand *PRB*, son IMOCA de 60 pieds lancé à 30 nœuds, va planter son étrave dans une vague… Les alarmes résonnent de partout sur le bateau… Escoffier regarde par-dessus le cockpit : son étrave est à 90° ! Son jouet est purement et simplement « cassé en deux ». Pire encore : un geyser de 1,20 m d'eau verte est en train de remplir les cales !

Escoffier a tout juste le temps de prévenir son équipe à terre par WhatsApp (« Je coule, je ne rigole pas, *Mayday !* ») avant que l'électricité ne soit entièrement coupée… Kevin sait que son bateau est perdu. Réaliser les gestes justes, ne rien oublier d'essentiel… Il enfile sa « TPS » *(voir p. 58)*, percute le radeau (pour qu'il se gonfle), prend son « *grab bag* » et quitte *PRB*…

Jacques Caraës, le directeur de course, est immédiatement mis au courant par le staff d'Escoffier. Il est parallèlement contacté par un opérateur du CROSS Gris-Nez, qui a reçu les données du déclenchement de la balise de détresse. En une fraction de seconde, le Vendée Globe a basculé en opération commando pour sauver le skipper français.

Jean Le Cam, le plus proche (il est à moins de 30 milles), est dérouté le premier. Il met 1 h 30 à arriver sur zone et trouve presque instantanément le radeau. Mais impossible de repêcher le naufragé tout de suite, Le Cam doit ralentir sa bête… Escoffier, pressentant que le sauvetage va prendre un certain temps, décide de couper sa balise pour en économiser les piles… Le Cam est affolé et éprouve une vraie culpabilité : il a perdu la trace d'Escoffier ! Il fera cinq, même six rotations dans la zone de déclenchement… La nuit tombe. Sentant que Le Cam fatigue, Caraës décide de dérouter Bestaven, Simon et Herrmann. 20 heures, 22 heures, minuit… Par bonheur, Le Cam a fini par retrouver la trace d'Escoffier (en apercevant la loupiote perchée sur son radeau à 1,5 mille de distance) et le hisse à bord vers 2 heures du matin… Cinq jours plus tard, Le Cam confie son compagnon au *Nivôse* (un bâtiment de la marine nationale), qui fera route vers l'île de La Réunion ; rassuré et heureux, le héros poursuivra son Vendée et réalisera l'énorme exploit de le finir à la quatrième position *(voir p. 99)* !

2023
VENDÉE GLOBE

Clarisse Crémer

DOUBLE PEINE

Clarisse Crémer répond aux médias avant la Vendée Arctique 2020.

L'année noire de Clarisse Crémer : lâchée par son sponsor et accusée de tricherie

Le 8 mars 2018, Journée internationale des droits des femmes, nous avons publié un ouvrage de notre collection des « 100 Histoires de légende » qui raconte comment le sport de haut niveau a permis aux femmes d'avancer vers l'émancipation et l'égalité femme/homme... Force est de constater que, cinq ans plus tard, des situations prouvent que le chemin reste encore long... Ce fut le cas malheureusement pour la navigatrice Clarisse Crémer.

Parisienne de la génération 89, diplômée d'HEC en 2013, Clarisse perce dans le milieu de la voile en 2017 en remportant le Mini-Fastnet 2017 et en finissant 2e de la Mini Transat. Elle rejoint l'écurie « Banque pop » et se classe 3e de la Fastnet 2019 (en duo avec Armel Le Cléac'h). La belle histoire se poursuit par une douzième place sur le Vendée Globe 2020, en établissant au passage le record du meilleur temps féminin du tour du monde sans escale (87 j 2 h 24 min 25 s).

En 1986, les Rita Mitsouko chantaient : « Les histoires d'amour finissent mal... en généraaal ! » La rupture, le 2 février 2023, survenue entre Clarisse et son sponsor confirme ces paroles ! Selon Banque populaire, la navigatrice, qui est devenue maman durant l'automne 2022, a trop de retard sur la course à la qualification pour le Vendée 2024... Ce « débarquement » donne un signal particulièrement négatif sur l'incompatibilité entre les intérêts des sponsors et les projets familiaux des femmes... Une marque ne tarde pas à voguer au secours de l'éconduite : deux mois à peine après ce divorce, Clarisse retrouve le sourire en annonçant son mariage avec L'Occitane !

On croit la machine relancée, mais le 11 février 2024, une info fait l'effet d'une bombe... Un corbeau vient d'envoyer à la presse et à la fédération onze captures d'écran d'échanges que Clarisse a eus avec son compagnon Tanguy Le Turquais via WhatsApp durant le Vendée Globe 2020. Selon la presse, le couple y évoque régulièrement la météo. Le soupçon d'assistance au routage est à peine voilé... Dans l'œil du cyclone, Clarisse Crémer se défend de toute volonté de tricherie, et un jury, nommé ad hoc, va rapidement blanchir la Française... De cette affaire au goût amer, il reste toutefois un constat : en mer, les skippers disposent d'une foule de données, certains (à mots couverts) ne cachent pas qu'il leur arrive de recevoir des informations de leur équipe à terre... Du côté de l'organisation, il faudra bien se positionner un jour entre la volonté de conserver l'esprit des origines (et clarifier le règlement) ou bien celle d'évoluer avec son temps...

INDEX

BIBLIOGRAPHIE ET SITOGRAPHIE

La voile pour les nuls, First, 2020.
25 ans de voiles, Gallimard, 1996.
Vous et la voile : apprendre, comprendre, connaître la voile, Larousse, 1989.
Chenet Alexandre et Garreta Renaud, *Histoires du Vendée Globe*, Dargaud, 2020.
Dayan Alain, *Routes maritimes, 5 000 ans d'aventures sur les mers*, Gründ, 2016.
Harding John, *Sailing Strangest Tales*, Portico, 2016.
Heimermann Benoît et Joubin Philippe, *L'ABCdaire de la voile*, Flammarion, 1998.
Janichon Gérard, *Les riches heures de la voile*, Mango Sport, 2000.
Peyron Loïck, *Dictionnaire amoureux de la voile*, Plon, 2020.
Pioufre Gérard, *Les grandes inventions*, First, 2013.
Sorlot Ludovic, *Skippers au large : leurs aventures, leurs parcours*, t. 1, Éditions Albatros, 2020.

Les auteurs ont également puisé les détails de leurs histoires dans l'incommensurable richesse d'Internet : en premier lieu sur les sites spécialisés, comme tipandshaft.com (et son formidable podcast) ou l'encyclopédique bateaux.com, mais aussi chez *Voiles & Voiliers* et *Ouest France* ainsi qu'au *Télégramme*... Le tout complété par Wikipédia, YouTube et les médias généralistes comme *L'Équipe*, *Eurosport*, *Franceinfo*, *Le Monde*, *Le Figaro*, *Paris Match*...

CRÉDITS

Couverture : HUIT PASCAL-PRESSE SPORTS / Library of Congress-Wikimedia, **P. 6 :** CEDRIC FERRER VISUAL-Press Agency, **P. 8-9 :** Mariners Museum-Newport News, **P. 10 :** Source Britannica, **P. 11 :** Source Britannica, **P. 12 :** Library of Congress-Wikimedia, **P. 13 :** Gallica / Bibliothèque nationale de France, **P. 14 :** Wikimedia, **P. 15 :** Collection privée, **P. 16 :** Florilegius-Alamy, **P. 17 :** New Bedford Whaling Museum, **P. 17 d :** DR, **P. 18 :** Look and Learn-Bridgeman Images, **P. 19 :** Tallandier-Bridgeman Images, **P. 20 :** PPL, **P. 21 :** Wikimedia , **P. 22 :** CSU Archives-Everett Collection-Bridgeman Images, **P. 23 :** Ajax News & Feature Service-Alamy, **P. 24 :** Jean Guichard-Gamma Rapho, **P. 25 :** Facebook TS Williwaw 3, **P. 26 :** Photo Eric Loizeau, **P. 27 :** CLEMENT-PRESSESPORTS, **P. 28 :** Baltel-Sipa, **P. 29 :** MARCEL MOCHET-AFP, **P. 30-31 :** LABLATINIERE-PRESSESPORTS, **P. 32 :** Christies-Coll privée, **P. 33 :** Library of Congress-wikimedia, **P. 33 d :** Wikimedia, **P. 34 :** Ajax News & Feature Service-Alamy, **P. 35 :** Bridgeman Images, **P. 36 :** LOIC VENANCE-AFP, **P. 37 :** Ajax News & Feature Service-Alamy, **P. 38-39 :** ALAN DAWSON-Alamy, **P. 41 :** Photo Christian Février, **P. 43 :** MARCEL MOCHET-AFP, **P. 44 :** Photo Thierry Martinez, **P. 45 :** LE BARS BERNARD-PRESSESPORTS, **P. 46-47 :** FORSTER DANIEL-PRESSESPORTS, **P. 48 :** Albert Seigneurie's Grocery Encyclopedia 1898, **P. 48 g :** Wikimedia, **P. 49 :** Wikimedia, **P. 49 d :** Wikimedia, **P. 50 :** by John S. Johnston-Wikimedia, **P. 51 :** Wikimedia, **P. 52 :** Hagley Museum and Library, **P. 53 :** DR, **P. 54 :** Hudson River Maritime Museum-Kingston NY, **P. 55 :** Musée et archives d'Aust-Agder, département KUBEN, **P. 56 :** Magite Historic-Alamy, **P. 57 :** Keystone Press-Alamy, **P. 58 :** France-Télévisions-INA, **P. 59 :** collection Bernard Rubinstein, **P. 61 :** FORSTER DANIEL-PRESSESPORTS, **P. 62 :** JACK GUEZ-AFP, **P. 63 :** Wikimedia, **P. 64 :** Photo Bertrand de La Giclais, **P. 66 :** Maisonneuve-Sipa, **P. 67 :** Henri Thibault-DPPI, **P. 68 :** ROBERT JEAN FRANCOIS-PRESSESPORTS, **P. 69 :** Photo www.sailrocket.com, **P. 70 :** JAMIE SQUIRE-Getty Images via AFP, **P. 71 :** LLUIS GENE -AFP, **P. 71 d :** Danita Delimont-Alamy, **P. 72 :** HUIT PASCAL-PRESSESPORTS, **P. 73 :** Virtual-Regatta, **P. 74-75 :** Wikimedia, **P. 76 :** Wikimedia, **P. 77 :** DR, **P. 78 :** Wikimedia, **P. 78 g :** Library of Congress-Wikimedia, **P. 79 :** Wikimedia, **P. 80 :** AFP, **P. 81 :** STRINGER -AFP, **P. 83 h :** AFP, **P. 83 b :** Mirrorpix-Bridgeman Images, **P. 84 :** Ajax News & Feature Service-Alamy, **P. 85 :** Tavernier Nicolas-Sipa, **P. 85 d :** Gianni Giansanti-Gamma Rapho, **P. 86 :** PA Images-Alamy, **P. 87 :** Chesnot-Sipa, **P. 88 :** Wikimedia, **P. 89 :** BCPE-AFP, **P. 90 :** MAO-PRESSESPORTS, **P. 91 :** CHARLY TRIBALLEAU -AFP, **P. 92 :** Rob Griffith-AP-Sipa, **P. 93 :** QUEMENER YVES-MARIE-PRESSESPORTS, **P. 94 :** LE BARS BERNARD-PRESSESPORTS, **P. 95 :** LE BARS BERNARD-PRESSESPORTS, **P. 96 :** CHRISTOPHE LAUNAY-DPPI via AFP, **P. 97 :** LE BARS BERNARD-PRESSESPORTS, **P. 98 :** Vincent Curutchet-DPPI Media-DPPI via AFP, **P. 99 :** Franck Castel-MPP-SIPA, **P. 100 :** HUIT PASCAL-PRESSE SPORTS, **P. 100 g :** HUIT PASCAL-PRESSE SPORTS, **P. 101 :** LE BARS BERNARD-PRESSESPORTS, **P. 102-103 :** Ajax News & Feature Service-Alamy, **P. 105 :** Keystone Press-Alamy, **P. 106 :** AFP, **P. 107 :** Patrice Picot-Gamma Rapho, **P. 108 :** PA Images-Alamy, **P. 109 :** Ajax News & Feature Service-Alamy, **P. 109 d :** Photo Lawrence Lemieux-Twitter, **P. 110 :** PHILIP. LITTLETON-AFP, **P. 111 :** LECOQ ANDRE-PRESSESPORTS, **P. 111 d :** Nicolas Le Corre-Gamma Rapho, **P. 112 :** CLEMENT-PRESSESPORTS, **P. 113 :** Bertrand de Broc-DPPI, **P. 114 :** GREG WOOD-AFP, **P. 115 :** RAAF-WEST AUSTRALIAN -AFP, **P. 116 g :** Pascal PAVANI-AFP, **P. 116 d :** LECOQ-PRESSESPORTS, **P. 117 :** Thierry Martinez, **P. 118 :** Patrick WALLET-GAMMA RAPHO, **P. 119 :** William Stevens-Gamma Rapho, **P. 120 :** Franck Preven-AP-Sipa, **P. 121 :** Foster-Australian Navy-Sipa, **P. 122 :** Reuters Picture Stream-MED, **P. 123 :** Chilean Navy-Sipa, **P. 124 :** MARINE NATIONALE-ECPAD, **P. 125 :** BOUE SEBASTIEN-PRESSESPORTS

Nous remercions le **Gitana Team, Bertrand de Broc, Bertrand de La Giclais**, **Éric Loizeau** et **Louis Bodin**.

Nous avons une pensée toute particulière pour nos épouses, **Muriel Mayette-Holtz** et **Julie Poirier**, qui nous soutiennent depuis 2012 dans l'écriture de cette magnifique collection.

Gründ, un département d'Edi8
92, avenue de France, 75013 Paris

Directeur : Didier Férat
Lecture-correction : Magali Vidal

Packaging éditorial, direction artistique
et conception graphique : Studio BDAG

Iconographie : Thierry Freiberg-Pixl Icono

Imprimé en Espagne par Egedsa.

ISBN : 978-2-324-03570-8
Dépôt légal : octobre 2024